W0178953

Detlev von Liliencron

Erich Maletzke

Detlev von Liliencron
Poet und Schuldenbaron

Wachholtz

ISBN 978 3 529 06114 1
www.wachholtz.de
© 2011 Wachholtz Verlag, Neumünster

INHALT

VORWORT

Der Baron und Freiherr Friedrich von Liliencron, der als Dichter den Vornamen Detlev wählte, war Poet, Soldat, Lebemann und nannte sich selbst einen „Bruder Liederlich". Seine Gedichte machten ihn zu einem Star, der über die Grenzen des deutschen Reichs bekannt war. Trotzdem fehlte ihm zuweilen das Geld, um Schreibpapier zu kaufen. Sein Leben lang war er auf die Hilfe anderer angewiesen, die Suche nach Geldquellen beschäftigte ihn fast jeden Tag. Das vorliegende Buch sollte ursprünglich ein dokumentarischer Roman werden, doch bei den Vorarbeiten zeigte sich, dass Liliencrons wahres Leben einem Roman gleicht. Entstanden ist daher eine biografische Annäherung. Nur dort, wo die reichlich vorhandenen Quellen schweigen, sind die Lücken, wie beim Restaurieren eines Gemäldes, so behutsam wie möglich ergänzt worden.

Schormoor, im September 2011   Erich Maletzke

IN DER SCHULE

Heh, Baron Fritz, wo steht Dein Schloss? rufen die Klassenkameraden und machen sich eilig davon. Der Neue ist zwar
schmächtig, stürzt sich aber trotzdem mutig, zuweilen gar
den Spazierstock schwingend, auf die frechen Pöbler. Aus
sicherer Entfernung höhnen sie dann weiter: Liliencrönchen, Muttersöhnchen, Zierbarönchen.
Der Reim gefällt dem Schüler Friedrich von Liliencron, den
alle Fritz oder Lille oder auch Fiete nennen.
Einmal wird er mit einer blutenden Stichwunde nach Hause
gebracht. Es ist die Folge einer ersten Liebschaft des Elfjäh-
rigen. Seinem Freund August Thomsen hatte er verraten,
dass er mit der Tochter des benachbarten Müllers eine
Braut besitze. Hinter einer Hecke versteckt erwarten die
beiden das Mädchen mit den blonden Zöpfen. Ist sie nicht
schön? Sie gehört nur mir.
Mir gefällt sie auch, ich will sie haben.
Fritz schlägt mit der Faust, August zieht das Messer.
Die leichte Wunde auf dem Rücken erschreckt die Eltern
mehr als den Täter und den Verletzten. Denn das Blut
weckt Erinnerungen an das Schicksal der Tochter Emma.
Bei einem Besuch im Kloster Itzehoe hatte sie Schwäne
gefüttert, ein Flügelschlag verletzte die Halsschlagader und
führte zum Tod. Eine weitere Tochter war schon zuvor

gestorben. Friedrich ist als Einzelkind nun tatsächlich Muttersöhnchen und Zierbarönchen.

Das „Schloss" derer zu Liliencron steht in der Kieler Friedrichstraße, nicht weit vom Bahnhof entfernt, von dem 1844, im Geburtsjahr des Barons Fritz, lärmend und bestaunt die erste Eisenbahn von und nach Altona verkehrt.

Hier in der Innenstadt wohnen brave Bürger, die nicht arm und nicht reich sind. Der königlich-dänische Zollbeamte Louis Ernst von Liliencron hat im Haus des Kammerherrn von Vahrendorff eine Etage angemietet. Das Zimmer des Sohnes misst knapp acht Quadratmeter. Er teilt es mit dem als zahlenden Gast aufgenommenen, zwei Jahre jüngeren August Thomsen, der zugleich als liebenswürdig und jähzornig gilt und zum Admiral aufsteigen wird.

Es ist nicht Schuld der Eltern, dass die geschrumpfte adlige Familie in beengter und bürgerlicher Umgebung leben muss, betreut von einem einzigen Dienstmädchen. Die Vorfahren sind für den Abstieg verantwortlich. Der Großvater väterlicherseits vor allem. Eine Schweinehirtin habe er geheiratet, jedenfalls behauptet es der Enkel nachdem er zum Dichter geworden ist. Wie so oft übertreibt er. Aber die Ehe mit der Tochter eines Leibeigenen reichte aus, um Privilegien und Besitz einzubüßen. Die Misswirtschaft durch andere Verwandte trug zusätzlich dazu bei, dass einstiger Reichtum in Form mehrerer Güter verloren ging. Wenigstens der im 17. Jahrhundert von Kaiser Leopold I. verliehene Adelstitel konnte gerettet werden.

Statt als Gutsherr ein sorgenfreies Leben zu führen, musste sich der Vater Louis Ernst um einen Beruf bemühen. Er entschied sich für die Rechtswissenschaften, das schlechte Examen erlaubte aber nur eine Tätigkeit in der Zollverwaltung. Mehr Erfolg hat er dagegen in der Liebe, jedenfalls in der Ehe. Die Gattin Adeline Emilie Sylvestra kommt aus gutem Hause. Ihre Mutter war bei der Geburt der Tochter erst 13 Jahre alt, und ihr Vater kämpfte als Offizier an der Seite von George Washington im amerikanischen Unabhängigkeitskrieg.

Wir leben zwar wie Bürgerliche, sind aber etwas Feineres, erfährt der kleine Baron in Wort und Tat von den Eltern. Man verkehrt mit Seinesgleichen. Es war sogar gelungen, den Landgrafen Friedrich von Hessen, dänischer Statthalter von Schleswig, als Taufpaten zu gewinnen. Man besucht regelmäßig die adlige Verwandtschaft in den Klöstern Preetz und Itzehoe, die Mutter hatte bei ihrem Aufenthalt in England Maria Burt kennen gelernt, die später den eigenen Onkel heiratete, Bismarcks berühmten und einflussreichen Feldherrn Helmuth Graf von Moltke.

Nein, mit den Nachbarkindern möge er bitte nicht spielen, bestimmen die Eltern. Auch darf er nicht mit ihnen zur Volksschule gehen. Obwohl das Geld knapp ist, muss es für die Verpflichtung eines Privatlehrers reichen. Glücklicherweise konnte ein wenig Kapital aus besseren Zeiten gerettet werden. Zudem verstehen die Eltern sparsam zu wirtschaften. Noch ruft keiner Muttersöhnchen und Zierbarönchen. Die Lehrerin Wilhelmine Otto nennt ihren Schützling ein fleißiges und artiges Kind. Die Benotung der Leistungen dagegen lässt einige Wünsche offen. Nur die Naturgeschichte wird mit „sehr gut" beurteilt, mit dem Lesen sind die Lehrer „größtenteils zufrieden", das Rechnen ist „im ganzen gut". Auf das Mathematische müsse man achten, sagt der Vater, es sei wichtig für die geplante militärische Laufbahn. Die Mutter legt mehr Wert auf frommes Gedankengut. Sie verehrt den volkstümlich und sprachgewaltig in der örtlichen Nikolaikirche predigenden Claus Harms, liest außerdem gründlich im englischen Original die Werke William Shakespeares und Lord Byrons, spielt auch noch Klavier.

Herzenskind nennt die Mutter den kleinen Baron. Am liebsten hätte sie ihn im Haus behalten. Artig hört er sich Shakespeares blutige Dramen und Byrons liebliche Verse an, lässt sich auch geduldig am Klavier unterrichten. Als Grundlage für hochgesteckte berufliche Ziele würde dieses heimische Bildungsangebot allerdings nicht reichen. 1854 wird der Zehnjährige daher zur örtlichen Gelehrtenschule geschickt. Dort gerät er zwar nicht in adlige, zumindest jedoch in gute Gesellschaft. Die besseren Kieler Kreise sind durch ihren Nachwuchs vertreten. Das höhere Militär, die Wissenschaft, die Geistlichkeit. Es sind vorwiegend bekennende Deutsche, zumindest Schleswig-Holsteiner. Keine Dänen. Der Vater des kleinen Barons dagegen steht im dänischen Staatsdienst. Lille rufen sie ihn daher bald nur noch. Auch auf Dänisch ist er damit „der Kleine".

Ein bisschen herablassend gibt der Neue sich zwar, aber immerhin wohnt er in keinem Schloss, wird nicht vom Diener oder gar in der Kutsche zur Schule gebracht. Also wird er in der Klasse als Gleichberechtigter aufgenommen. Von den Lehrern ist ohnehin keine Sonderbehandlung zu erwarten. Sie teilen den Eltern mit, dass die Leistungen in Mathematik besorgniserregend schlecht sind. Mit dem Deutschen und dem Lateinischen steht es nicht wesentlich besser. Das sind die Noten vom Osterzeugnis des Jahres 1861. In den Jahren davor waren die Leistungen sehr viel besser. Einmal ist er sogar Klassenprimus.

Die erheblichen Schwankungen kann sich niemand recht erklären. Die Eltern sind ratlos. Wie soll das Herzenskind beim Militär Karriere machen, wenn Flugbahnen der Geschosse nicht berechnet, Kosten für Verpflegung und Besoldung nicht zutreffend kalkuliert werden können? Sollte vielleicht zuviel Ablenkung schlechte Auswirkungen auf die Schulnoten haben?

Nichts deutet darauf hin; denn Zerstreuung, gar der ungebührlichen Art, wird in Kiel kaum geboten. Im Jahr 1855 leben in der Stadt um die 16 200 Menschen. Ziemlich gedrängt im inneren Bereich. Schon hinter dem Kleinen Kiel beginnen Wiesen und Felder. Spazierengehen wird als Vergnügen geschätzt. Im Sommer kommt das Baden hinzu. Nach Geschlechtern getrennt, für die Frauen möglichst in Badekarren, die ins Wasser geschoben und durch einen Paravent zusätzlich vor neugierigen Blicken abgesichert werden. Im Winter läuft man Schlittschuh. Der kleine Baron, der mittlerweile ein junger Mann ist, hält sich von allen sportlichen Betätigungen fern. Vom Spazieren abgesehen. Den Eltern ist die Zurückhaltung recht. Ein Baron steigt nicht ins Wasser oder dreht sich auf dem Eis.

Das Herzenskind, das diese Bezeichnung bald ebenso ablehnt wie Lille und Fritz und Fiete, hätte wohl auch durchaus an den sommerlichen und winterlichen Leibesertüchtigungen teilnehmen wollen. Denn gegen Ende seines Lebens schildert Liliencron in dem autobiografischen Roman *Leben und Lüge* in der Figur des Kai von Vorbrüggen wie er sich selbst gerne gesehen hätte; nämlich als guter Schwimmer und Schlittschuhläufer.

Für einen Besuch in der *Harmonie* ist er noch nicht alt genug. Hier, am Rand der Stadt, trifft sich die bessere Gesellschaft. Man spielt Billard, liest Zeitung, hört Konzerte oder debattiert sogar über politische Themen. Zurückhaltend natürlich. Der Vater weiß nicht recht, ob er dazu gehört, nimmt nur einmal an dem Pellkartoffelessen teil, zu dem der Kaufmann Lembke einzuladen pflegt.

Obwohl der Weg beschwerlich ist, wandert Friedrich hin und wieder nach Dorfgaarden am gegenüberliegenden Fördeufer. Dort locken Festveranstaltungen, zu denen fahrendes Volk mit Karussells, Seiltänzern und Luftspringern anreist. Außerdem spielen Tanzkapellen auf. Aber die jungen Damen halten nach etwas reiferen und nicht so scheuen Jünglingen Ausschau. Als einige den schon fast vergessenen, offenbar von ihren Brüdern gehörten Schmähruf Liliencrönchen, Muttersöhnchen, Zierbarönchen anstimmen, macht sich Friedrich missmutig auf den Heimweg. Manchmal verläuft der Ausflug ins Vergnügen allerdings auch erfolgreich. Niemand erkennt ihn, er bittet mutig zum Tanz, wird sogar bei der Damenwahl mehrmals aufgefordert und schreibt anschließend in sein Tagebuch: „Nein, wie himmlisch habe ich mich da amüsiert".

Gerade noch himmelhoch jauchzend, ist er plötzlich grundlos zu Tode betrübt. Die Klassenkameraden müssen ohne ihn im Botanischen Garten die Schlacht von Waterloo nachspielen. Wortlos und für alle rätselhaft macht er sich davon, verkriecht sich in seinem winzigen Zimmer, liest Theodor Storms Novelle „Immensee", die er im Bücherregal der Mutter entdeckt hat, oder er streift stundenlang durch Felder und Wiesen.

Als 15-Jähriger wird er auf Wunsch der Eltern dem für die gehobenen Kreise zuständigen Fotografen Brütt zugeführt. Es ist ein Tag, an dem er die Melancholie genießt. Mit Weste und Uhrkette einem Erwachsenen gleichend, lehnt er an einer verzierten Konsole. Der Blick schwermütig verschleiert. Es könnte das Jugendbildnis eines Dichters sein.

Die Kieler Gelehrtenschule ist kein Ort, an dem man sich wohlfühlen kann. Düster und verkommen ist die Küterstraße, muffig und eng sind Flure und Räume der Schule. Im Winter pfeift eisiger Wind durch undichte Fenster, an heißen Sommertagen fallen in den überfüllten Klassen Schüler wie tot von den Bänken. Als einige jüngere Lehrer beantragen, den hohen Hemdkragen und die Krawatte abziehen zu dürfen, lehnt der Rektor Friedrich Horn, der als vorzüglicher Homer-Kenner gilt, den rebellischen Wunsch energisch ab. Die Revolution beginne stets im Kleinen, nennt er als Begründung.

Der Abschied von der Schule im Herbst 1861 fällt nicht schwer, der von den Eltern und Freunden dagegen schmerzt. Das Abschlusszeugnis ist nur mittelmäßig. Betragen, Fleiß und Aufmerksamkeit werden allerdings gelobt. Dichter könnte man auch in Kiel oder in einer anderen Stadt der dänischen Krone werden, für eine Karriere im

Militär dagegen kommt nur Preußen in Frage. Schließlich ist nicht zu übersehen, dass Preußen die Zukunft gehört. Wie schnell war Dänemark 1848/49 beim ersten Aufstand der Schleswig-Holsteiner besiegt worden. Noch einmal hatten damals die europäischen Großmächte den alten Zustand wieder hergestellt, aber lange würde er gewiss nicht zu halten sein. Auch der von den Liliencrons geschätzte Graf von Moltke hatte schließlich rechtzeitig die Zeichen der Zeit erkannt und die Seiten gewechselt.

Der Kammerherr von Vahrendorff empfiehlt seinen Untermietern, den Sohn ins preußische Erfurt zu schicken. Die dortige Realschule hat einen guten Ruf, macht den Neuankömmling jedoch nicht glücklich. Der Mutter gefällt dagegen sehr, dass jeder Tag mit einer Morgenandacht beginnt. Auch in ihrer Schule in England hat der Unterricht stets mit Gebet und Gesang angefangen. Sie mahnt: „Lieber Herzensjunge, lasse schnell wieder von dir hören, und schreibe künftig deutlicher und nicht so flüchtig."

Der Vater fügt einen Briefbogen hinzu und gibt Ratschläge: Wenn ihn ein Lehrer kränke, möge er dies umgehend dem Direktor anzeigen; wenn er einen Brief beginne, sei es wichtig, das zuvor erhaltene Schreiben zur Hand zu nehmen, um alle Fragen genau beantworten zu können. Um sich bei den Mitschülern Respekt zu verschaffen, empfiehlt er, kräftig die „holsteinischen Fäuste" zu gebrauchen. Und wenn auf einer Gesellschaft getanzt werde, dann sei es von Nutzen, sich nicht im Kreis der jungen Männer aufzuhalten, sondern in der Gruppe der gesetzteren Herren. „Mein Herrchen" nennt der Vater den inzwischen 18-Jährigen und kündigt ihm Geld für den Kauf einer wärmenden Hausjacke an. Als Däne ist Friedrich unter den Klassenkameraden nun wieder Ausländer, aber statt die Fäuste einzusetzen, spielt er Klavier, komponiert sogar ein wenig und schreibt Gedichte von Goethe, Heine und Eichendorff ab. Mehrfach wandert er ins nahe Weimar, steht in der Fürstengruft ergriffen an Goethes Sarg. Soll er seine Zukunft wirklich beim Militär suchen? Die Mutter empfiehlt, die englische Literatur nicht zu vergessen. „Englisches Blut und englisches Gemüth steckt in Dir", schreibt sie. Den Klassenkameraden bleibt der Baron rätselhaft. Mal will er Offizier, dann wieder Dichter werden. Oder vielleicht doch lieber Musiker?

Ostern 1862 verlässt der knapp 18-Jährige mit der Sekunda-Reife die Schule. Freundlich und bescheiden sei er aufgetreten, heißt es im Abschlusszeugnis. Die kurze Schulzeit in Erfurt habe aber nicht ausgereicht, um die aus Kiel mitgebrachten Wissenslücken zu schließen. Mit diesem Urteil ist beim preußischen Militär keine Karriere zu machen. Es sei denn, der Bewerber ist nicht nur adliger Herkunft, sondern verfügt auch über eine vorzügliche finanzielle Ausrüstung. Ein Reiteroffizier zum Beispiel muss seine Pferde mitbringen. Im Hause Liliencron verlangt schon der Kauf einer neuen Jacke rechnerische Anstrengung.

Und mit dem erneuten Ende einer Schulzeit ist die Ausbildung noch nicht beendet. Vor dem Eintritt in den höheren Dienst des preußischen Heeres steht die Fähnrichprüfung. Die Anforderungen seien nicht allzu hoch, will Friedrich erfahren haben, er setzt auf seine Geschichtskenntnisse, und hat nicht die Mutter zuvor die flüchtige Schrift, aber den guten Sprachstil gelobt? Der Vater allerdings ist fest davon überzeugt, dass der bisherige Wissensstand zu gering ist. Daher rät er dringend zu privatem Unterricht. Für die Erdkunde wird ein Realschullehrer verpflichtet. Das Planzeichnen übernimmt der Hauptmann außer Diensten von Zittwitz. Die erheblichen Lücken in der Mathematik versucht der Hauptmann Rode zu füllen. Und der Gymnasialprofessor Kritz ist sehr davon angetan, wie mühelos sein Schüler Cäsars Bericht über den Gallischen Krieg übersetzt und wie weitreichend seine Kenntnisse von allen wichtigen Strömungen der deutschen Literatur sind. Nach neun Monaten stellen die Lehrer übereinstimmend fest, dass alle Voraussetzungen für einen günstigen Ausgang der Prüfung erfüllt seien.

Neunzehn Jahre alt ist Friedrich als er sich Anfang 1863 der Prüfungskommission stellt. Der Vater begleitet ihn nach Berlin, was dem Prüfling unangenehm ist und bei den anderen Bewerbern für spöttische Bemerkungen sorgt. Mehrere Tage dauert die Befragung. Ein Mitglied der Kommission ist Professor Ludwig Herrig, ein Verwandter des gleichnamigen Dichters. Was er von Klaus Groth halte und wisse? Eine bessere Frage hätte man ihm nicht stellen können. Friedrich schildert ausführlich das elende Leben des Lehrers Groth in Heide, berichtet von der verbotenen Liebe zur Tochter des örtlichen Advokaten und der Flucht nach Fehmarn, empört sich über die herablassende Behandlung durch Professoren der Kieler Universität, lobt überschwänglich den Inhalt der *Quickborn*-Sammlung. Als er ansetzt, um eine Strophe aus der plattdeutschen Ballade vom Grafen

Rudolf „vun de Bökelnborg" vorzutragen, unterbricht ihn der Vorsitzende mit der Bemerkung, diese Sprache verstehe er nicht, außerdem habe man über den Herrn Groth nun wirklich genug gehört.

Der Herr Groth sei ein ganz bedeutender Dichter, wirft daraufhin Professor Herrig ein wenig pikiert ein, und um den Kollegen zu besänftigen, überlässt ihm der Vorsitzende die weitere Befragung seines offensichtlich geschätzten Prüflings. Den kaiserlichen Bußgang zum Papst nach Canossa schildert Friedrich so lebhaft, dass die Mitglieder der Kommission den um die Bergfestung heulenden Schneesturm zu spüren glauben, und als anschließend noch die mörderische Schlacht von Hemmingstedt fantasievoll ausgeschmückt zur Sprache kommt, ist auch in der Abteilung Geschichte die Bestnote gesichert.

Wenn nur nicht die Mathematik wäre. Diesmal stellt der Vorsitzende die Aufgaben selber, und die gerade noch errungenen Erfolge gehen kläglich verloren. Die zu berechnenden Geschosse verfehlen erschreckend weit ihr Ziel, und als überraschenderweise auch noch die Position eines Schiffes ermittelt werden soll, gibt sich Friedrich völlig geschlagen.

Der Dichter Groth, der Kaiser Heinrich und der Papst Gregor sowie die tapferen Dithmarscher Kämpfer bringen dennoch die Rettung.

So als fürchteten sie, die Prüfungskommission könnte ihre wohlwollende Entscheidung noch einmal überdenken, kehren Vater und Sohn Berlin in größtmöglicher Eile den Rücken.

SOLDAT

Aus dem Schüler Friedrich Freiherr von Liliencron ist nun ein Soldat geworden. Avantageur darf er sich nennen, es ist eine wohlklingende Bezeichnung für den unteren Mannschaftsgrad. Beim Westfälischen Füsilierregiment Nr. 37 tritt er in den königlich-preußischen Militärdienst. Die Garnison liegt in Mainz. Am 5. Februar 1863 meldet er sich zum Dienst, ist plötzlich gar nicht mehr melancholisch, sondern freudig erregt. Jetzt will er nicht mehr Dichter, nicht Musiker, sondern Offizier werden. Auch möglichst schnell für das Vaterland in eine Schlacht ziehen. Oder besser doch nicht ganz so schnell, denn schließlich ist Mainz ein außerordentlich angenehmer Standort. Die Mädchen sind hübsch, der Wein ist vorzüglich, fast in jeder Straße gibt es ein Kaffeehaus. Die Grenze zu Frankreich ist nah, Rhein und Main locken zu Schifffahrten, und da die Stadt den Status einer Bundesfestung hat, in der Preußen und Österreich für jeweils fünf Jahre abwechselnd den Gouverneur stellen, wird der knappe Sold durch Sonderzahlungen aus der königlichen Privatschatulle großzügig angehoben. Einen „wahren klimatischen Kurort" hat der Graf von Moltke Mainz genannt. Geradezu fahrlässig wäre es, diese Angebote nicht zu nutzen.

Und erfreulich wie die Umgebung ist auch die zügige Beförderung. Im Mai 1864 Gefreiter, im August Unteroffizier, im

September Fähnrich. Eine glänzende Karriere scheint sich abzuzeichnen. Doch beim nächsten Schritt stolpert der Voranstürmende.

In der Kriegsschule zu Engers am Rhein soll der nächsthöhere Dienstgrad erworben werden. Der gestrenge Ausbilder aber bemängelt nicht nur die Leistungen, sondern urteilt mit erstaunlicher Weitsicht: „Portepee-Fähnrich von Liliencron, Sie befinden sich auf der schiefen Ebene."

Statt als Leutnant kehrt der flotte Baron von Liliencron ohne neues Rangabzeichen ins fröhliche Mainz zurück. Immerhin scheint als Trost der ersehnte Kampfeinsatz bevorzustehen.

Die Dänen hatten nach dem Tod des alten mit Christian IX. einen neuen König erhalten, der eine Verfassung unterschrieb, die das Herzogtum Schleswig ins dänische Reich eingliedern wollte. Das bedeutet Krieg. Die Österreicher und die Preußen eilen als Retter der unterdrückten deutschen Brüder und Schwestern herbei. Nur zu gerne hätte der Fähnrich von Liliencron auf den Düppeler Schanzen gefochten. Doch sein Regiment Nr. 37 erhält einen anderen, deutlich weniger ehrenvollen Auftrag: In der Provinz Posen hatte es schon mehrfach Widerstand gegen die neuen preußischen Herren gegeben. Die Mainzer Füsiliere sollen dort für Ordnung sorgen.

Vor dem Abmarsch nimmt in Berlin König Wilhelm I. die Parade ab. Liliencron ist von dem würdigen alten Herrn, der zwischen Windlichtern auf dem Vorbau des Schlosses seine Soldaten an sich vorbeiziehen lässt, so beeindruckt, dass er nur mit Mühe die Tränen zurückhalten kann.

Im goldenen Mainz sorgten Theater, Wirtshäuser und junge Damen für fröhliche Abwechslung, im verschlafenen Rawitsch sind Vergnügungen rar. Schließlich ist es Liliencron selbst, der für ein wenig Unterhaltung sorgt. Ein reisendes Theater hatte sich angesagt, mit einer hübschen Soubrette. Das halbe Bataillon bemüht sich um ihre Gunst. Aber kein anderer kann mit so fester Stimme das schon mit der Mutter geübte Lied vom Erlkönig singen wie der inzwischen endlich zum Leutnant aufgestiegene Freiherr von Liliencron. Ein Klavier müsste man haben, seufzt sehnsuchtsvoll die schöne Sängerin. Und Liliencron lässt das Instrument aus Breslau herbeischaffen. Da die Dame im dritten Stock logiert, das Treppenhaus zu eng für den Transport ist, soll das Pianoforte von außen in die Höhe gezogen werden. Doch es zeigt sich erstmals in der Praxis, dass die rechnerischen Kenntnisse des Barons von Liliencron wiederholt zu Recht beanstandet worden sind. Denn die Seile reißen, das Klavier stürzt kurz vor dem Erreichen seines Ziels in die Tiefe und zerschellt mit einem Missklang.

Nur einem glücklichen Umstand ist es zu verdanken, dass keiner der vielen Zuschauer zu Schaden kommt. Das Städtchen amüsiert sich über dieses Schauspiel kräftiger als über die Aufführungen des Theaters. Für Liliencron wird es ein teurer Fall, denn er wollte nur leihen, jetzt muss er bezahlen, was er aufgrund anderer Verpflichtungen ohnehin nicht kann. Neben dem Klavier und dem Geld kommt ihm zusätzlich auch noch die Soubrette abhanden.

Ersatz ist allerdings schnell gefunden. Wenn Worte nötig sind, unterhält man sich auf Französisch. Einen Brief, in dem die natürlich sehr junge Polin aus gutem Haus auf ein

baldiges Wiedersehen hofft, bewahrt er als Erinnerungs-
stück auf. Die sorglosen Tage in Rawitsch sind allerdings
vorbei. Endlich ist Krieg ausgebrochen.

***

Gemeinsam haben die Regierenden in Berlin und Wien 1864
das hoffnungslos unterlegene dänische Heer besiegt und
anschließend die beiden Herzogtümer aufgeteilt. Schleswig fällt an Preußen, in Holstein sollen die Österreicher
bestimmen. Lange kann diese ungesunde Teilung nicht
gut gehen. Zumal der eiserne Kanzler Otto von Bismarck
gar nicht will, dass die friedliche Partnerschaft anhält. Er
möchte ganz Schleswig-Holstein für Preußen gewinnen
und sucht den Streit mit dem Verbündeten. 1866 ist er seinem Ziel nahe, die Österreicher mobilisieren zuerst, und
Generalfeldmarschall von Moltke kann mit gutem Gewissen den erneut ungleichen Kampf aufnehmen. In Böhmen
fällt die Entscheidung, und diesmal können die 37. Füsiliere
nicht ausgeschlossen werden, zumal sie die Front in Eilmär-
schen zügig erreichen können. Mit Hurra wird die Grenze
überschritten. Fünf Stunden dauert in glühender Hitze das
erste Gefecht. Unter den Toten des 37. Regiments sind zwei
Offiziere, drei Unteroffiziere und 47 einfache Soldaten. Hinzu kommen 139 Verletzte. In seinem Tagebuch notiert Liliencron ernüchtert, er werde diese „entsetzliche Schlacht bei
Nachod nie, nie vergessen".
Dabei ist sie noch gar nicht beendet, geht in den nächsten Tagen genau so blutig weiter, und wenig hat gefehlt,

dann wäre der Leutnant von Liliencron 22-jährig den Heldentod gestorben: Eine Anhöhe muss erobert werden, ist auch schon eingenommen, auf dem Gipfel aber will sich ein österreichischer Offizier dem Feind, der gerade noch Verbündeter war, nicht kampflos ergeben. Aus nächster Nähe schießt er auf den Leutnant Liliencron, woraufhin dessen Sergeant den Angreifer mit dem Seitengewehr ersticht.

Der Revolverschuss trifft in die Hüfte. Der Krieg hätte für ihn damit beendet sein können, doch statt die Wunde ausheilen zu lassen, flüchtet er notdürftig versorgt aus dem Lazarett. In seidenen Damenschuhen, wie er fantasievoll schreibt. Nur knapp verfehlt er die Teilnahme an der ruhmreichen Schlacht von Königgrätz. Vier Monate nach Feuertaufe und Verletzung ist er wieder im goldenen Mainz. Der Krieg ist beendet. Am Uniformrock trägt er den Roten Adlerorden vierter Klasse. Jetzt ist er Mitglied im neu aufgestellten Infanterieregiment Nr. 81. Mit dem Freiherrn Ernst von Seckendorff, Sohn eines Obertribunalrats in Berlin, teilt er sich in Domnähe eine Wohnung, und der Freund gibt ein anschauliches Porträt vom Mitbewohner:

„Das verhältnismäßig sehr jugendliche Äußere, die kleine, zierliche Figur, der feine Kopf, das lichtblonde Haar, das frische, offene Gesicht, die lebhaften Augen, der intelligente Ausdruck, die gewandten Bewegungen, die bewusst militärische Haltung, und schon den Kriegsorden an der Brust, alles stempelte den einige Jahre älteren Kameraden zu einer sympathischen Erscheinung."

Es ist die Darstellung eines offenbar vorbildlichen jungen Offiziers. Doch der fragt sich voller Zweifel: „Hab ich wirklich den für mich richtigen Beruf?" Sollte er vielleicht doch Dichter werden? Oder ließe sich beides vereinbaren? Im Kampf hat er immerhin schon etwas geleistet, geschrieben dagegen so gut wie nichts. Briefe vor allem, dazu einige Verse, die ihm nur mäßig gefallen.

* * *

Ganz Mainz feiert ausgelassen den Karneval, und Liliencron stürzt sich in das Vergnügen. Schlank und zart wie er ist, schlüpft er in die Rolle eines französischen Pagen. Auf dem Kasinoball tanzt er ausgiebig mit der ebenso jungen wie reizenden Tochter eines jüdischen Zeitungsverlegers, noch in der Nacht feiern die beiden frisch Verliebten ihre Verlobung. Am nächsten Tag hält er beim Vater um die Hand der nächtlichen Eroberung an und wird mit kränkenden Worten davon geschickt.

Ebenfalls mit einem Misserfolg endet sein Werben um Anna, die Tochter des örtlichen Buchdruckers Gottsleben. Niemals werde er einen protestantischen, dazu noch preußischen Offizier als Schwiegersohn akzeptieren, lautet dieses Mal die Ablehnung. Auch Liliencrons Eltern sind gegen die Verbindung. Ihnen missfällt, dass die junge Dame katholisch und nicht von adliger Herkunft ist. Trotz aller Bedenken lässt sich die Mutter vom Liebesschmerz des „Herzensjungen" erweichen und bittet Annas Vater, einer Verbindung zuzustimmen. Der aber bleibt bei seinem Nein. Erbost fordert ihn Liliencron daraufhin zum Duell und erhält nicht einmal eine Antwort.

Was für eine Blamage, klagt er bei seinem Freund Seckendorff, er könne seine Liebe zum Fräulein Anna gar nicht
mehr bezähmen, und in Mainz könne er nun auch nicht
mehr bleiben.

Es gibt aber auch noch einen ganz anderen Grund, der ihn
veranlasst, das fröhliche Treiben des Karnevals zu verlassen. So beliebt wie Liliencron bei seinen Kameraden ist,
nicht zuletzt wegen seiner Großzügigkeit mit Geschenken
und Einladungen, nicht allen Vorgesetzten gefallen sein
unbe– kümmertes Wesen, seine Leichtlebigkeit, wohl auch
der Übereifer. Soll er einen Befehl ausführen, eilt er davon
ohne den gesamten Auftrag zu erfassen, kehrt nach einiger
Zeit verlegen zurück, um nachzufragen, was er eigentlich zu
erledigen habe.

Ein Hauptmann schikaniert ihn sogar öffentlich. Eine „An-
tipathie der Seelen" stellt Liliencron fest und beantragt seine
Versetzung. Sie führt ihn nach Potsdam. Im Neuen Palais,
nahe Sanssouci prächtig gelegen, nimmt er Quartier und
ist sogleich unzufrieden. Dem in Mainz zurückgebliebe-
nen Freund von Seckendorff schreibt er unter dem Datum
vom 21. April 1869 einen Klagebrief: Ein Kleiderschrank
und zwei gebrechliche Stühle, dazu eine „in allen Fugen
krachende Kommode" bilden die Einrichtung, und es gibt
ein Feldbett, „in dem ich trotz Milliarden Wanzen herrlich
schlafe". Das „elegante Klavier" hat er selber angemietet.
Blickt er in den Hof, sieht er das Pissoir der Mannschaft.
Blickt er in die Ferne, sieht er einen Wald, Felder und Wiesen.
Der Dienst bei der Garde erlaubt viel Freizeit. Sie kann nur
zurückhaltend genutzt werden, denn im Gegensatz zu ande-

ren Regimentern erhält die Potsdamer Garde keine Zulage. Er möge diese ungerechte Behandlung doch bitte unbedingt im Offizierskorps zur Sprache bringen, bittet Liliencron den Kameraden von Seckendorff. Ach ja, und wenn der Freund in Mainz das Fräulein Anna treffe oder auch nur etwas von ihr höre, er sei an allen Einzelheiten nach wie vor höchst interessiert. Doch es kommen keine Nachrichten.

Jedenfalls in Gedanken kehrt er immer wieder ins fröhliche Mainz zurück. Zu den von ihren Vätern so unnachgiebig bewachten jungen Damen, zum Kameraden von Seckendorff. Und wenn er bei den Manövern in allen Poren den märkischen Sand spürt, dann sehnt er sich zusätzlich nach den Wäldern und grünen Abhängen von Taunus und Hunsrück.

Der Große Friedrich empfand Sanssouci und seine Umgebung als Paradies, der Freiherr von Liliencron beklagt sich über Essensdünste aus der Küche, über lärmende Lakaien und fehlendes Geld. Da seine Kameraden im Offizierskorps ausnahmslos aus wohlhabenden Familien stammen, fühlt er sich ausgegrenzt, gibt mehr Geld aus als ihm zur Verfügung steht.

Am 1. Oktober 1869 wird er aus Potsdam erlöst. Er darf nach Mainz zurück. Davor liegen mehrere Monate Urlaub. Wenig zieht ihn nach Kiel, dennoch reist er zu den Eltern. Durch heldenhaften Einsatz hat er mit dazu beigetragen, dass die Schleswig-Holsteiner nun Preußen sind, wenngleich noch ohne große Begeisterung. Der verehrte Theodor Storm schreibt verbittert über die neuen Herren: „Obwohl die Preußen allein wegen der Art, wie sie dieses

Land gewannen, alle Ursache zu bescheidenem Auftreten hätten, so kommt doch jeder Kerl von dort mit der Miene eines kleinen persönlichen Eroberers als müsste er uns erst die höheren Weihen bringen".

So wie der Dichter denken viele Bewohner der neu gewonnenen 12. preußischen Provinz. Dem Leutnant von Liliencron, den die schlecht verheilte Verletzung noch immer Schmerzen verursacht, sind die neuen politischen Verhältnisse gleichgültig, obwohl er eifrig Zeitungen liest und sich als freikonservativ bezeichnet.

Ihn interessieren in erster Linie die Folgen für sich persönlich und für seine Familie, die in Kiel schon mehrfach die Wohnung gewechselt hat. Der Vater ist pensioniert, mit einem so geringen Ruhegehalt, dass er etwas dazu verdienen muss. Er vermittelt nun Versicherungen gegen Hagel und gegen Feuer. Der Sohn ist über diesen sozialen Abstieg erschüttert und schreibt seinem Freund von Seckendorff: „Das Lächerlichste, oder ich will lieber sagen, das Tragikomischste auf Gottes Erdboden ist eine heruntergekommene adelige Familie – ich habe dies Bild jetzt vor Augen, und zwar aus nächster Nähe."

Zu der Tätigkeit als Versicherungsagent ist der Baron Louis von Liliencron nicht zuletzt deshalb gezwungen, weil er immer wieder, ohne dass es allzu sehr auffällt, für die Schulden seines Sohnes eintritt.

Kiel ist inzwischen Bundeshafen geworden, und Preußen hat seine Marinestation von Danzig an die Förde verlegt. Für die Stadt bedeutet dies wirtschaftlichen Aufschwung. Liliencron ist das gleichgültig. Er langweilt sich, klagt über das schlechte Wetter und die noch schlechteren Aufführungen im Theater, geht allein stundenlang spazieren, schreibt Verse und vernichtet sie wieder, liest viel. Heine, Eichendorf, Turgenjew und besonders gerne Theodor Storm. In die Novelle *Immensee* ist er geradezu verliebt. Die Geschichte von Reinhard und Elisabeth, die zueinander nicht finden durften, erinnert ihn an eigenes Liebesleid, und beim Lesen werden ihm die Augen feucht. Er bittet den Freund von Seckendorff erneut, ihm über Anna Gottsleben zu berichten, schreibt auch: „Ich möchte, Du hättest mich auch etwas lieb."

Die Antworten aus Mainz sind kühler, von Anna wird nichts gemeldet, als Aufmerksamkeit schickt der Freund ein Päckchen mit Kerzen.

Kehrt er am späten Nachmittag von seinen einsamen Spaziergängen durch den Botanischen Garten und das Düsternbrooker Gehölz zurück, muss er sich „fertig machen", wie es der Vater nennt. Zur Teestunde wünschen ihn die Eltern in Uniform zu sehen. Unter größter finanzieller Mühe leistet sich das Ehepaar mit dem Fräulein Henriette immer noch eine Gesellschafterin. Sie ist die einzige in dem kleinen Haushalt, die nicht Preußin, sondern Schleswig-Holsteinerin sein will. Wie viele ihrer Landsleute wünscht sie sich ein unabhängiges Land mit einem eigenen Herzog, dem „Augustenburger" Friedrich VIII., an der Spitze.

Die Scheinwelt im Elternhaus ergänzt der Sohn durch eine Traumwelt, die er sich bei seinen Wanderungen ausmalt und anschließend aufschreibt: Er wünscht sich ein kleines Schloss, nicht allzu weit von einer mittelgroßen Stadt ent-

fernt, in der es Galerien und Theater gibt. Wälder und
Hügel sollten die Landschaft bestimmen, auf keinen Fall
Berge, ein See müsste angrenzen, in den Ställen sechs
Pferde, ein Diener, ein Kutscher und ein Gärtner würden
ausreichen. Genauestens legt er fest, wie viele Räume das
Schloss haben soll, wo Balkone nötig sind, fordert, dass die
Eisenbahnstation, um nicht zu stören, mehr als eine Meile
entfernt liegen muss. Ach ja, und nicht zuletzt: Eine „nied-
liche, hübsche Frau", die darüber entscheiden dürfe, wie
viele Mägde für den Haushalt eingestellt werden müssten.

Als die Fantasie erschöpft ist, drücken ihn der Regen und
die triste Umgebung noch stärker. „Ich gehe prinzipiell in
die mich anwidernde Stadt Kiel nicht hinein", behauptet er
in einem Brief an Seckendorff. Dabei ist er mitten in der
Stadt, sobald er aus der Haustür tritt. Und selbst in diesen trüben Dezembertagen scheint bei klirrender Kälte oft
strahlend die Sonne.

Um der häuslichen Enge zu entgehen, macht er sich in der
Woche vor dem Weihnachtsfest auf eine Reise zur Verwandtschaft in den Klöstern Preetz und Itzehoe. Einerseits
faszinieren ihn die dort lebenden Damen, doch schon nach
wenigen Tagen langweilen ihn die alten Familiengeschich-
ten. Er glaubt „Moderduft" zu spüren, fühlt sich wieder eingeengt wie in einem Kerker. Gerade noch hat er sich als
Konservativen bezeichnet, jetzt äußert er geradezu revolu-
tionäre Gedanken, indem er behauptet, die Zeit des Adels
sei abgelaufen, „unser Zeitalter braucht etwas anders". Er sei
doch eigentlich ein Liberaler, stellt er erstaunt fest.

* * *

Aus Mainz war Liliencron geflüchtet, und Anfang 1870 ist er wieder bei seinem alten Regiment Nr. 81. Der ihn einst schikanierende Hauptmann ist nicht mehr sein Vorgesetzter, der Buchdrucker Gottsleben hat seine Tochter Anna vor den protestantisch-preußischen Offizieren in Sicherheit gebracht. Schnelle Eroberungen hat Liliencron normalerweise auch schnell wieder vergessen. Anna ist die Ausnahme. Als er mit einem Bekannten nach Baden-Baden reist, schlüpft er in die Rolle eines Franzosen und verschafft sich Zutritt in das Elisabethstift, in dem vor allem junge Französinnen erzogen werden. Aber die Damen sind in die Ferien gereist. Er lässt sich das Buch mit den Namen aller ehemaligen Schülerinnen zeigen, findet Anna Gottsleben und nur die Anwesenheit der Aufseherin hindert ihn daran, „den Namen zu küssen".

Liliencron wagt noch einen weiteren unangemeldeten Besuch. Am Rande der Stadt, fast versteckt in den Bergen, wohnt der Schriftsteller Iwan Turgenjew, dessen einige Jahre zuvor erschienener Roman *Väter und Söhne* für Aufsehen gesorgt hatte und der bei Frau von Liliencron und anschließend auch bei ihrem Sohn wegen mangelnder Moralität ein wenig in Ungnade gefallen war. Dennoch möchte Liliencron den berühmten Russen persönlich kennen lernen. In einer Droschke lässt er sich mutig in die Tiergartenstraße Nr. 3 fahren. Er erwartet, „von einem Leibeigenen in roter Jacke mit silbernen Knöpfen" empfangen zu werden. Stattdessen teilt ihm ein Hausknecht im schönsten Schwäbisch mit „Herr von Torgenjew ischt nicht zschu Hause, er ischt zum Fescht", später sieht er den Dichter bei einem Spaziergang, wagt aber nicht, ihn anzusprechen.

Einen Monat nach Liliencrons Besuch in Baden-Baden ereignet sich in einem anderen Kurort Seltsames. In Bad Ems pflegt sich der preußische König Wilhelm I. von den Mühen seines Amtes zu erholen. Auf der Kurpromenade spricht ihn der französische Botschafter Benedetti an, verlangt vom Monarchen drängend, er möge unmissverständlich versprechen, dass nicht noch einmal ein deutscher Prinz versuchen werde, den spanischen Thron zu besteigen. Zwar war die Kandidatur schon erledigt, hatte der Erbprinz Leopold von Hohenzollern-Sigmaringen doch auf die frei gewordene spanische Krone bereits verzichtet, so dass Napoleons Regierung von der Furcht befreit war, gleich von zwei Seiten durch deutsche Herrscher in die Zange genommen zu werden. Aber einen König bedrängt man nicht auf einer Kurpromenade, und folglich darf ein Krieg vom Zaun gebrochen werden, den vor allem der eiserne deutsche Kanzler bereits seit längerer Zeit anstrebte. Mit kräftigen Hurra-Rufen wird auch in Mainz der neue Waffengang begrüßt, und der Leutnant Freiherr von Liliencron stimmt kräftig in den Jubel ein, als in der Nacht vom 15. auf den 16. Juli der Mobilmachungsbefehl verkündet wird.

Beim Abmarsch Richtung Frankreich sieht er am Straßenrand Anna Gottsleben. „Adieu for ever", ruft er ihr fröhlich zu, „es hat nicht sollen sein". Der Krieg ist für ihn die bevorzugte Braut. Zunächst enttäuscht sie ihn allerdings. Schon im Kampf gegen die Österreicher verpasste er 1866 die entscheidende Schlacht bei Königgrätz, jetzt kann er nicht am Sieg bei Sedan teilnehmen, während andere Regimenter Heldenhaftes zustande bringen.

Er ist in der Etappe im Feindesland zuständig für die Versorgung der Kämpfenden, erhält den Auftrag, Leibbinden, Stroh und Lebensmittel zu requirieren. Dabei quälen ihn Gewissensbisse, und er notiert in seinem Tagebuch: „Wie entsetzlich ist es doch, so eine Fouragierung und gewaltsame Akquisition". Vergnügen bereitet ihm dagegen die Lektüre von Klaus Groths *Quickborn*. Die plattdeutsche Gedichtsammlung des schleswig-holsteinischen Landsmannes ist das einzige Buch, das er im Sturmgepäck mit sich trägt. Ist er schon von der Schlacht ausgeschlossen, dann will er wenigstens einen eigenen, kleinen Beitrag für den Endsieg leisten. Als er für eine nächtliche Patrouille eingeteilt wird, schreibt er in sein Tagebuch: „Es ist mein fester Entschluss, Gefangene zu machen … Sollte ich fallen, wem ist daran gelegen, nur meinen Eltern, meinen lieben Herzenseltern … Also vorwärts denn. Drauf mit Hurra! Für König und Vaterland". Er fällt nicht, und er macht auch keine Gefangenen. Aber er macht von sich reden. Als er während eines Gefechtes zwei Soldaten entdeckt, die sich in seinen Augen feige versteckt haben, befiehlt er ihnen, zwei Minuten lang im Kugelhagel stehend das Gewehr zu präsentieren. Mit gezogenem Degen stellt er sich neben sie. Das bringt ihm erst einen strengen Verweis ein, und am Abend lobt der Kommandeur heimlich seinen Mut.

Dass auch er nicht unverletzlich ist, erfährt Liliencron beim Vormarsch auf St. Remy. Eine Kugel trifft ihn ins linke Knie.

Wie bei seiner ersten Verwundung im österreichischen Feldzug nimmt er die Verletzung nicht ernst, will weiter bei seinem Regiment bleiben. Wieder einmal sind Komplikationen die Folge, fast acht Wochen muss der Krieg ohne ihn stattfinden. Damit er das Kriegshandwerk nicht verlernt und weil er sich langweilt, stellt er eine Kompanie aus 250 gefangenen Franzosen zusammen und exerziert mit ihnen nach preußischem Vorbild. Als Diener wählt er sich einen „Neger vom reinsten Wasser". Der Arzt leiht ihm Goethes *Faust*.

Erst am 30. November 1870 ist er soweit genesen, dass er zu seinem Regiment an die Front zurückkehren kann. Viel zu früh, wie sich bald herausstellt. Regen, Kälte und anstrengende Märsche verschlechtern seinen Gesundheitszustand, er muss wieder ins Lazarett. Als er sich erholt hat, ist der Krieg beendet. Statt einem preußischen König dient er jetzt einem deutschen Kaiser, und alles deutet darauf hin, dass er es sein Leben lang tun würde. Seinen Uniformrock schmückt mit dem Eisernen Kreuz zweiter Klasse ein weiterer Orden.

HELENE

Der Kurort Köthen zählt bei der Reichsgründung 13 500 Einwohner, ist keine goldene Stadt wie Mainz, ist aber auch nicht so trist wie Kiel. Einer der frühen Herrscher hatte lange in Italien gelebt, und als ihm 1603 der Landesteil Anhalt-Köthen zufiel, ließ er nach südländischem Vorbild bauen und Gärten anlegen. Die Nachfahren pflegten und erweiterten nicht nur die Bauten, sondern förderten auch die schönen Künste. 1717 konnte Johann Sebastian Bach als Leiter der Hofkapelle gewonnen werden und komponierte hier die Brandenburgischen Konzerte, die im Schloss ihre Uraufführung erlebten. Dem Geheimen preußischen Regierungsrat und nebenberuflichen Dichter Joseph Freiherr von Eichendorff gefiel die Stadt so sehr, dass er sich 1849 ein Haus kaufte und dort einige Zeit lebte.

Auch berühmte Ärzte fanden Köthen schon frühzeitig höchst attraktiv. In den 20er und 30er Jahren des 19. Jahrhunderts sorgte der fürstliche Leibarzt Samuel Hahnemann durch seine homöopathischen Behandlungsmethoden für Aufsehen, und 1855 eröffnete der Heilpraktiker Arthur Lutze eine Klinik, die im Ruf stand, auch angeblich hoffnungslos Erkrankte zu heilen.

Liliencron hat von diesen medizinischen Wundern gehört. Da ihn die bei den beiden Kriegszügen erlittenen Verletzungen noch immer quälen und rheumatische Schmerzen hinzugekommen sind, begibt er sich Anfang April 1871 zur Behandlung nach Köthen. Nicht in das dortige Kriegslazarett, sondern in die berühmte homöopathische Klinik.

Seinem Vertrauten von Seckendorff schreibt er: „Was nun hier meinen Aufenthalt anbelangt, so komme ich mir etwa wie ein Knabe in einem Pensionat vor. Ich habe meine Stube, sehr elegant usw., überhaupt teuer wird es werden. Um 2 Uhr ist Table d'hote – eine köstliche Gesellschaft. Oben präsidiert ein alter Professor aus München, streng katholisch; daneben eine schwindsüchtige kleine russische Prinzessin, still, dumm und bescheiden. Dann ein Fräulein v. d. B., auffallend hässlich, mit einer Nase wie der General B. vom 10. Korps. Dann deren Stiefmutter, eine hysterische Gräfin S. …, blaues Blut also: blaß, mager, schöne Hände, fortwährendes Lispeln, mit einer Vergangenheit, überhaupt vornehm und nur Kreuzzeitung."

Liliencron weiß nicht recht, ob ihm diese Umgebung zusagt. Einerseits ist er unter seinesgleichen, andererseits fühlt er sich nicht dazugehörig. Bald langweilt er sich, beklagt, dass es überall nach Kohl rieche, denkt bereits an die baldige Rückkehr nach Mainz, wo er eine Nachkur antreten möchte. Lange kann er sich den teuren Aufenthalt ohnehin nicht leisten. Eigentlich könnte er ihn überhaupt nicht bezahlen. Mit Unbehagen denkt er an die bestimmt bald eingehenden Rechnungen.

Und dann plötzlich kommt dieser Blitz aus gerade noch verhangenem Himmel. Unter den Kurgästen befindet sich die Familie von Bodenhausen. Bestehend aus der Mutter und zwei Töchtern. Der Vater, ein Oberstleutnant, dient gerade in Frankreich.

Liliencrons Arzt stellt die Verbindung her. Die jüngere Tochter Helene ist 16 Jahre alt, bei ihrem Anblick steht Liliencron wieder einmal sofort in allerhellsten Flammen. Dem Freund Seckendorff schreibt er: „Sie ist so bezaubernd schön, dass die Leute auf der Straße stille stehen – so bezaubernd wie Gretchen im *Faust*... Ich weiß aus unzähligen Blicken und Worten und Taten, dass sie mich liebt mit der ganzen Glut ihres kleinen Herzens." Er sitzt mit ihr am Flügel, singt mit ihr, liest ihr vor, sehnt sich danach, die Geliebte endlich einmal allein treffen und sprechen zu dürfen.

Das aber schickt sich nicht. In seiner Liebesnot schreibt er dem Freund Briefe, als wäre er Ersatz für die unerreichbare Geliebte: „Seit dem Empfang Deines gestrigen Briefes habe ich unendlich viel an Dich denken müssen. Du kommst mir wie ein rettender Anker; ich kann mein Herz erleichtern von seinen unsäglichen Qualen und Liebesschmerz. Nimm meine Gedanken hin, wie sie zu dir kommen; gewähre mir Trost und zeige mir etwas von Deiner Liebe."

Unter Vermittlung und Aufsicht einer vertrauten Ärztin treffen sich die Verliebten, betrachten sich insgeheim schon als Verlobte, wissen aber auch, dass für eine dauerhafte Verbindung jegliche finanzielle Grundlage fehlt.

Inzwischen ist Oberstleutnant von Bodenhausen bei seiner Familie eingetroffen. Eine Ehrfurcht einflößende Gestalt mit langem grauen Backenbart. „Man sieht, daß Stürme auf seiner Lebensbahn getobt haben, wütende Stürme und rasende Leidenschaften", erfährt der Freund von Seckendorff in Mainz.

In Begleitung einer Bekannten macht Liliencron einen Höflichkeitsbesuch, der Gastgeber ahnt nichts von den wahren Absichten des elegant plaudernden, erfreulicherweise schon so reichlich ausgezeichneten jungen Leutnants. Auch Helenes Mutter ist ahnungslos. Sie wisse gar nicht, an welcher Krankheit wohl die Tochter leide, ewige Kopfschmerzen habe sie, sei blass wie der Tod.

Er möge gerne wiederkommen, sagt beim Abschied der vom Leben und der Leidenschaft gezeichnete Herr von Bodenhausen, uralter Adel, aber leider auch verarmt, wie sich inzwischen durch vorsichtige Nachforschungen herausgestellt hat.

Am nächsten Tag, es ist der 8. Mai 1871, meldet sich Liliencron sehr offiziell zu einem Gespräch beim Ehepaar von Bodenhausen und bittet um die Hand der Tochter. Die gerade noch fast Ahnungslosen sind überrascht. Das Treffen verläuft sehr höflich, ist aber auch sehr kurz. Nein, nein, angesichts der finanziellen Verhältnisse des geschätzten Herrn Leutnants sei an eine Ehe zum gegenwärtigen Zeitpunkt nicht zu denken. In einigen Jahren vielleicht, wenn sich der Dienstgrad und auch die Anzahl der Auszeichnungen deutlich erhöht haben.

Als die von den beiden Verliebten erwartete Absage erteilt ist, wird auch Helene in das Zimmer gerufen. Eine Stunde später bringt Liliencron die Szene zu Papier: „Ich nahm ihre rechte Hand, küsste diese und sagte nur: Leb wohl, Helene – nichts mehr sah ich, nur noch, dass sie rückwärts in die Arme ihrer Mutter fiel. Mir war alles um mich grau. Wie ich nach Hause getaumelt bin, ich weiß es nicht. Ich werde sie nicht mehr sehen. Wie hart, wie hart ist die Schule des Lebens."

Auf dem Heimweg kommt Liliencron an einem Teich vorbei, zieht seinen mit einem Brillanten verzierten Ring vom Finger und denkt einen Augenblick daran, ihn in einer Geste der Verzweiflung ins Wasser zu werfen. Am nächsten Tag schreibt er der Geliebten unter der Anrede „Mein geliebtes Fräulein" einen Abschiedsbrief, bekennt noch einmal seine Liebe, verspricht, sie nie zu vergessen, und schildert, wie er „in der schrecklichsten Nacht meines Lebens" den für die Braut bestimmten Ring in den Teich geworfen habe, auf dass kein Mensch ihn je wieder sehen solle.

In die Liebesnot sind auch die Eltern in Kiel eingeweiht. Der Vater schreibt: „Also, mein lieber Fritz! Kopf oben! Jetzt nicht den Mut verlieren, so wirst Du veredelt aus diesem harten Kampf hervorgehen. Glaube nur: Gott prüft die Seinigen nicht zu hart. Er kennt genau unser Maß und weiß, was uns noth thut, um auf den rechten Weg zu kommen …"

Trotz des offiziellen mündlichen und schriftlichen Abschieds treffen sich Liliencron und Helene in den nächsten Tagen beim Spaziergang, gehen jedoch mit betont knappem Gruß aneinander vorbei.

Ist doch nicht alles verloren?

Liliencron fasst sich noch einmal ein Herz und lässt dem abgelehnten mündlichen Antrag einen schriftlichen folgen. Ganz gewiss sei nach der gerade erfolgten Ernennung zum Premierleutnant bald mit weiteren Beförderungen zu rechnen. Er werde außerdem seine schriftstellerische Tätigkeit intensivieren, so dass auch aus dieser Quelle mit Einnahmen zu rechnen sei. Auch der Vater habe Unterstützung jeglicher Art zugesagt. Die Antwort geht bereits am nächsten Tag unter dem Datum vom 11. Mai ein: „Euer Hoch-wohlgeboren beehre ich mich auf Ihr gefälliges Schreiben, nach reiflicher Überlegung, im Interesse beider Parteien zu eröffnen, dass unter den hier obwaltenden Umständen eine Vereinigung mit meiner Tochter Helene unmöglich ist. Genehmigen Euer Hochwohlgeboren den Ausdruck mei-ner größten Hochachtung, in der ich zu verharren die Ehre habe als Euer Hochwohlgeboren ergebener Frh. von Boden-hausen, Oberstlt."

Es ist wagemutig, gegen ein derart deutliches Machtwort zu verstoßen. Die beiden Verliebten treffen sich dennoch in allergrößter Heimlichkeit und erklären sich diesmal ganz offiziell zu Verlobten. Helene besiegelt das verbotene Bünd-nis mit einem Bild.

Wer mag wohl jenen anonymen Brief geschrieben haben, der aus Frankfurt am Main eingeht. Darin heißt es war-nend: „Es werde eine schlimme Ehe, wenn sich einer der „bösen" Liliencrons mit einer B. verheiraten wollte. Hüten Sie sich, hüten Sie sich." Liliencron zerbricht sich den Kopf, wer der Absender sein könnte und kann das Rätsel nicht lösen. Es warnen allerdings auch andere. Der ins Geheimnis einbezogene „herzensgute Doktor" sagt seinem verliebten Patienten: „Es wäre so viel besser, wenn aus der Sache nichts würde."

Für die Kur sind noch vier Wochen vorgesehen, aber Lilien-cron hält es nicht länger in Köthen aus. Er reist zu seiner Einheit zurück nach Mainz und schreibt viele, Seiten lan-ge Briefe an seine heimliche Verlobte. Aus diesen Briefen spricht bereits der Dichter. Er lässt den Mond scheinen, den Rhein fließen, die Nachtigallen schlagen. Er schildert ausführlich seine Träume. Wie er mit Helene im Duett singt, wie er mit ihr durch die Heide fährt, in der Kirche sitzt, Arm in Arm spazieren geht. Er macht Vorschläge, wo man sich treffen könne. In Halle? In Köthen? Ein Uhr in der Nacht sei es gerade, und irgendwo in der Stadt spiele eine Orgel eine Melodie aus dem *Troubadour* „Komm, komm, Helene, wo soll ich hin mit meinen Gedanken?"

Im nächsten Brief vom 1. Juni teilt er Helene mit, er werde ihr „auf längere Zeit" nicht mehr schreiben. Seine Mutter habe es ihm geraten. Auch der Köthener Doktor, den er ins Vertrauen gezogen hat, empfiehlt erneut ein Ende der Kontakte. Gleichzeitig versichert Liliencron der heimlich Verlobten seine Liebe, bittet sie, ihm zu schreiben. Und dann macht er ein Geständnis: Sein Schuldenstand habe die gewaltige Höhe von 36.000 Mark erreicht. Gleichzeitig berichtet er von guten Verbindungen. Ein Vetter sei nach Amerika ausgewandert, sei dort zu Wohlstand gekommen, würde das benötigte Geld gewiss zur Verfügung stellen. Oder auch nur wahrscheinlich. Sollte der Vetter in Amerika die in ihn gesetzte Hoffnung nicht erfüllen, stünde in Rüsselsheim die Baronin Verna als Ersatz zur Verfügung, die sei „enorm reich". Schon seit einiger Zeit habe er mit ihr korrespondiert, sie am heutigen Nachmittag auf ihrem „feenhaften Besitz" besucht. Nachdem er zunächst im Garten dem Summen der Bienen gelauscht habe, sei er ins Schloss zurückgekehrt und habe der Baronin Mendelssohnsche Lieder vorgespielt. Derart wunderbar, gleichzeitig aber auch voller Melancholie, dass die gnädige Frau mitgefühlt und ihn gefragt habe: „Barönchen, Barönchen, es liegt Ihnen etwas auf dem Herzen". Daraufhin habe er auch ihr seinen Schuldenstand preisgegeben, statt der erhofften Zahlung jedoch nur neues Mitgefühl empfangen.

Von Mainz wird Liliencrons Einheit nach Frankfurt am Main verlegt. Im nahen Homburg gibt es ein Spielkasino, das er mit dem Kameraden Busse gerne besucht. An einem Abend verlieren sie ein Vermögen. Ihre Taschen sind anschließend derart geleert, dass sie bei einem Freund telegrafisch Geld leihen müssen, um die Rechnung für die Hotelübernachtung und den Fahrschein für die Rückfahrt bezahlen zu können.

Drei Tage, nachdem er der heimlichen Braut mitgeteilt hat, dass sie vorerst nichts von ihm hören werde, schreibt er wieder einen mehrseitigen Brief, den wie üblich ein Bote überbringt. Er schildert seine Liebesqualen, sitzt lange im Dom, hört im Klang der Glocken die Botschaft „halte aus – sei mutig", holt sein vernachlässigtes Tagebuch hervor und füllt die Seiten mit „schauerlichen Reimereien", von der Kirche geht er ins Kasino, spielt Whist und verliert. Auf dem Heimweg stößt er auf einen Leierkastenmann und überredet ihn zum Mitkommen. Für ein kräftiges Honorar spielt er mitten in der Nacht lautstark im Haus auf, allein fünf Mal den Faust-Walzer. Die Mitbewohner bitten vergeblich um Ruhe. Als der Ruhestörer endlich davonzieht, setzt sich Liliencron ans Klavier.

Er trage jetzt einen neuen Ring mit einem Brillanten, schreibt er an Helene, versichert aber gleichzeitig, dass es ihm schwer falle, „jeden Groschen erst umzuwenden".

Obwohl es gegen seine „innerste Natur" sei, habe er jedoch mit dem Sparen begonnen und in seinem Zimmer erstmals statt der großen nur die kleine Öllampe angezündet. Den Schuldenberg baut diese Sparmaßnahme allerdings nicht ab, denn beim Glücksspiel hat er gerade wieder 100 Taler eingebüßt. Inzwischen reicht sein Geld kaum noch aus, um die Zinsen zu begleichen.

Liliencron gehört zu den Menschen, die mit wenigen Stunden Schlaf auskommen. Am Kopf seiner Briefe schreibt er nicht nur Ort und Datum, sondern auch die Uhrzeit. 12 Uhr nachts, 2 Uhr, 3 ¼ Uhr nachts. Manchen Brief beginnt er morgens um 9 Uhr und fügt bis in die frühen Morgenstunden des nächsten Tages neue Abschnitte hinzu. Er berichtet dem Adressaten, was er sieht, was er denkt, was er geträumt hat. Er notiert banale Dinge und große Gefühle: „Habe die Laden meiner Fenster fest verschlossen ... und habe geweint, die bittersten Tränen meines Lebens". Er weint viel, vorwiegend auf dem Papier: „Ach Helene, Helene ... merkst Du nicht meine Qualen, meine Liebe, meine unbeschreibliche Liebe zu Dir. Wenn ich Dich verlieren sollte, es wäre aus mit mir."

Auch dem alten Akazienbaum vor seinem Fenster versichert er seine Liebe, beklagt den bevorstehenden Abschied aus Mainz. Mehrmals sieht er Anna an der Seite eines älteren Mannes und begrüßt sie knapp. Hat er sie wirklich einmal geliebt?

Der Brief vom 10. Juni 1871, geschrieben um Mitternacht, enthält neben den üblichen Liebesschwüren eine überraschende Mitteilung an die Angebetete: Um nicht länger an die Beförderung zum Hauptmann und die damit verbundene Soldaufbesserung warten zu müssen, wäre er, vorausgesetzt Helene sei einverstanden, dazu bereit, den „bunten Rock" gegen den „Zivilisten-Rock" einzutauschen, obwohl er „mit Leib und Seele Soldat" sei.

* * *

Helene mag ihm keinen Rat geben. Briefe, von beiden Seiten, immer neue Briefe. Endlich bietet sich Gelegenheit zu einem Treffen. In Berlin will sich Helene mit ihrer Freundin die Siegesparade der deutschen Truppen am Brandenburger Tor ansehen. Obwohl ihm ein Urlaub wegen der bevorstehenden Verlegung seines Regiments verweigert wird, eilt Liliencron in die Reichshauptstadt. Glaubt mehrmals Helene in der Menschenmenge zu sehen, kann sie jedoch nicht erreichen und fährt am Abend enttäuscht mit der Eisenbahn nach Mainz zurück. „Nie im Leben habe ich eine traurigere Fahrt gehabt wie gestern Nacht…", schreibt er am nächsten Tag an Helene und schlüpft in die Rolle des Dichters: „Die Sonne ging blutrot unter – noch lange blieb ein Abendrot, dann ballten sich schwarze Wolken zusammen, es fielen einzelne schwere Tropfen, dann löste sich der Wolkenhimmel, ein heftiges Gewitter und der Regen strömte unaufhörlich nieder. Es war der Zustand meiner Seele. Ach hätte ich weinen können." Kann er aber nicht, denn er trägt Uniform mit zwei Tapferkeitsmedaillen und im Coupé sitzen ein jüdisches Ehepaar mit zwei Kindern und drei unausstehliche Damen.

Eine Stunde später nimmt er den Brief wieder auf. „Holla, Hoh", die trübe Stimmung hat sich aufgelöst. Die überreizten Nerven seien Schuld gewesen, vielleicht auch die beiden an der Wand hängenden Duellpistolen, „diese zierlichen Dinger", die schon so viel Unglück angerichtet hätten. Zuletzt vier Wochen vor dem jüngsten Krieg, als sich mit ihnen zwei Bekannte wegen einer schönen Frau duellierten. Mitten ins Herz sei eine Kugel gedrungen. Oder fast. Die Verlegung des Regiments nach Frankfurt verursacht neue Ausgaben und erhöht somit die Schulden. Für die zurückbleibenden Kameraden ist ein Abschiedsfrühstück auszurichten. Es zieht sich über den ganzen Tag. Den einfachen Soldaten werden Schnaps und Wurst serviert, den Offizieren sehr guter Rotwein und gebratene Enten. Es sei ganz reizend gewesen, teilt Liliencron der Braut mit und bekennt: „Ich bin nie glücklicher, als wenn ich vor meiner Kompanie hertreten oder marschieren kann und hinter mir die Soldaten singen. Mein ganzes Soldatenherz ist dann immer da."

Offiziere wohnen nicht in der Kaserne, sondern haben eine eigene Wohnung, für die sie zahlen müssen. Die neue Frankfurter Adresse lautet Kalbächergasse Nummer 2. Es ist eine alte winklige Straße in der Nähe von Goethes Geburtshaus. Liliencron hat sein eigenes Mobiliar, das ihm nun von Mainz nachgeschickt werden muss. Zum Umzugsgut gehört auch ein Papagei. „Ich liebe Sie, ich liebe Sie", krächzt er. Kaum in Frankfurt angekommen, schreibt Liliencron wieder lange und sehnsuchtsvolle Briefe an Helene. Er klagt über seine Einsamkeit, schildert Träume von gemeinsamen

Reisen nach Indien, Ägypten und Persien, verrät nebenbei, dass er seinem Vetter nach Amerika geschrieben und angefragt habe, ob sein Besuch willkommen sei und vor allem, ob er finanzielle Hilfe erwarten könne.

Die dunkelroten Rosenblätter im Antwortschreiben der Geliebten versetzten ihn in Verzückung, und er nimmt sich vor, nicht so viel zu klagen. Die sechs Seiten eines gerade geschriebenen Briefes zerreißt er.

Warum antwortet der Vetter aus Amerika nicht? Er ist doch reich.

Zumindest wohlhabend ist auch der Baron Thienen-Adlerflycht, ein Vetter des Vaters, einst dänischer Gesandter am Deutschen Bundestag. Er lebt in einer Villa in Frankfurt. Liliencron stattet ihm einen Besuch ab, erinnert vorsichtig daran, dass sein leichtsinniger Großvater stets großzügig für die Verpflichtungen von Verwandten aufgekommen sei, und lässt durchblicken, dass auch er als Folge unumgänglicher Ausgaben momentan in gewisse Schwierigkeiten geraten sei. Der Gastgeber reicht daraufhin noch einmal das silberne Kästchen mit den sehr guten Zigarren, weist auch zum wiederholten Mal auf die Karaffe mit dem ebenfalls sehr guten Cognac und bittet beim Abschied, dem geschätzten Herrn Vater die herzlichsten Grüße zu übermitteln.

Was sind drei gute Zigarren und vier gute Cognacs im Vergleich zu den erhofften finanziellen Wohltaten? Auch der Handschlag des Kaisers kann nur für kurze Zeit die trüben Gedanken verscheuchen. Bei der Durchreise ließ der gerade widerwillig beförderte preußische König auf dem Frankfurter Bahnhof anhalten, um alle mit Orden ausgezeichneten Soldaten und Offiziere persönlich zu begrüßen. Schon bei einem früheren Besuch in der Mainzer Garnison hatte der so würdig aussehende alte Herr Liliencron beeindruckt. Damals sah er ihn mit den Feldherren Moltke und Roon nur aus der Distanz, diesmal ist er ihm zwar sehr nahe, die Ehrfurcht aber verschleiert ihm den Blick, und als er bei seinem Eintrag ins Tagebuch überlegt, welche Farbe die Augen des Kaisers haben, kann er sich nicht zwischen hellblau und dunkelgrau entscheiden.

Zwei Monate nach der dramatischen Trennung reist Liliencron am 14. Juli 1871 wieder nach Köthen zu Helene. Er übernachtet in einem Vorort, kurz nach 4 Uhr am Morgen macht er sich zu Fuß auf den Weg zum vereinbarten Treffpunkt auf einem ehemaligen Schießstand. Am „Lerchenstein" wartet er und liest die Inschrift „Hier liegt begraben Anna Maria, Herzogin von Anhalt-Cöthen, geborene Herzogin von Burgund". Seinem Freund von Seckendorff schreibt er noch am gleichen Tag den genauen Ablauf des Wiedersehens: „Die ersten Strahlen der Sonne brachen sich mühsam durch das dichte Laubwerk und fielen auf das hochgerötete Gesicht eines ganz jungen, süßen Mädchens. Ich stand einen Augenblick wie eine Säule, dann kam die ganze Zaubergewalt der Liebe über mich. Ich streckte beide Arme aus, sie kam mir entgegen, und ich küsste ihre schönen, kleinen Hände; sie hatte die Handschuhe ausgezogen…" Hand in Hand gehen die beiden spazieren. Als ihnen barfuß eine alte Bäuerin mit einem Kind auf dem Rücken begegnet und „Guten Morgen, gnädige Herrschaften" sagt, schenkt Liliencron ihr ein Geldstück.

Man trifft sich noch zwei Mal zu heimlichen Spaziergängen, am 17. Juli fährt Liliencron zurück nach Frankfurt,
glücklich und unglücklich zugleich. Er spürt, dass sich der
gegenwärtige Zustand nicht mehr lange halten lässt, hat
das Gefühl, dass sich die Beziehung zu Helene trotz gegen-
seitiger Liebesschwüre lösen könnte. Die Kriegsverletzung
ist trotz der Kur nicht verheilt. Hinzu kommt der wach-
sende Druck der Gläubiger.

Die Eltern kennen seine verzweifelte finanzielle Lage. Am
7. August kommt der Vater nach Frankfurt und muss
erkennen, dass keine Aussicht besteht, die durch Verluste
beim Glücksspiel und aufwendigen Lebensstil weiter angestiegenen Schulden zu begleichen. Wie schon oft zuvor
verspricht der Sohn, er werde sich ab sofort um äußerste
Sparsamkeit bemühen, doch der Vater weiß, was er von
diesem Vorhaben zu halten hat. Er möge sich zur Familie
nach Schleswig-Holstein versetzen lassen, empfiehlt er dem
Sohn, und er sollte dort eine reiche Frau heiraten, um wieder Glanz, vor allem Geld in die Familie zu bringen.

Nein, nein, Helene und niemand anders.

Und allen Widrigkeiten zum Trotz: Ist das Leben unter den
Kameraden im Waffenrock nicht herrlich? Kaum ist der
Vater verbittert nach Kiel abgereist, mietet Liliencron ein
Boot und lässt sich von sechs seiner Untergebenen auf dem
Main rudern. Während der Fahrt singen die Kameraden
auf seinen Wunsch „Feins Liebchen unter dem Rebendach".
„Es war zum Entzücken schön. Wir schwammen im Silber-
licht des eben aufgegangenen Mondes", notiert er. Nach der
Rückkehr in Frankfurt unternimmt er einen langen Spa-

ziergang durch die Nacht, anschließend holt er den Briefbogen mit der Krone und dem großen L im Kopf hervor
und hält für Helene das gerade Erlebte und Gefühlte fest:
„Wälder nur wie schwarze Wände ohne scharfe Konturen.
Ein Hund bellte von Zeit zu Zeit aus irgendeiner Villa, ganz
in der Ferne das Geräusch der Wagen der Weltstadt. Ganz
schwach schwammen die Töne eines Walzers von Strauß
aus dem Palmgarten zu mir herüber. Kein Mensch, kein
lebendes Wesen. Wie schön, Helene, wie feierlich und
erhaben."
Helene werden die Briefe des Bräutigams zunehmend
unheimlicher. Manchmal öffnet sie die Post erst nach zwei
oder gar drei Tagen.
Liliencron weiß, dass sein Leben vor einem Einschnitt steht,
und als er dann kommt, ist er dennoch erschrocken.

ERSTER ABSCHIED

Anfang September 1871 findet in Frankfurt wieder die große jährliche Messe statt. Aus dem ganzen Reich, sogar aus dem Ausland reisen Händler und Käufer an. Sie müssen vor den ebenfalls in beträchtlicher Zahl anreisenden Dieben und Räubern geschützt werden. Für diese Aufgabe wird auch das Militär eingesetzt. An den als zuverlässig und diensteifrig geltenden Leutnant von Liliencron geht die Order, in Begleitung von zwei unteren Dienstgraden das zivile Wachpersonal zu unterstützen. Doch stattdessen erlaubt er seinen Begleitern, sich ins Vergnügen zu stürzen. Sie fahren Karussell, beteiligen sich am Würfelspiel, trinken mehrere Becher Apfelwein. Damit nicht genug. Am Abend bestellt Liliencron eine Droschke und lässt sich mit seinen von der Großzügigkeit des Vorgesetzten begeisterten Kameraden ins dörfliche Bornheim fahren, wo sich alle drei auf einer Tanzveranstaltung vergnügen.

Bereits am nächsten Tag hat sich die Eskapade in der Garnison herumgesprochen. Ein strenges Verfahren ist zu erwarten. Zerknirscht räumt Liliencron ein, erheblich über die Stränge geschlagen zu haben, und beantragt am 8. September 1871 seinen Abschied aus dem militärischen Dienst, der umgehend gewährt wird. Allerdings nicht wegen eines Dienstvergehens, sondern aus gesundheitlichen Gründen. Das Offizierspatent und eine Rente sind somit gesichert.

Der Leutnant a. D. Friedrich von Liliencron ist jetzt 27 Jahre alt, und der übereilt eingereichte Abschied bringt ihn endgültig aus dem seelischen Gleichgewicht. Helene teilt er mit: „Ich gehe fort nach Batavia, nach Amerika, oder da, wo es Krieg gibt." Durchaus ernsthaft klingt auch die Ankündigung, er werde beim König um eine Audienz bitten und dem gütigen alten Herrn sein Herz ausschütten. Wahrscheinlich werde der Monarch ihn dringend bitten, seinen Dienst wieder anzutreten.

Zunächst aber muss der Abschied standesgemäß vollzogen werden. Dem eigenen, nicht ganz billigen Diner folgt ein Souper, das die Offizierskameraden bezahlen. Der letzte Dienst-Tag endet mit Fahnenparade und Hohenfriedberger Marsch. „Jene rasende Leidenschaft zum Soldatenstande, dem eigentümlichsten Stand der Welt", habe ihn in diesem Augenblick überfallen. Am Bahnhof verabschieden ihn unter Tränen Kameraden aller Dienstgrade, darunter sein persönlicher Bursche in bunter Gala-Uniform, die Liliencron ihm geschenkt hatte.

Fünf Tage lang fährt er den Rhein hinauf bis Koblenz, um sich von den dort lebenden Bekannten zu verabschieden. Als er schließlich nach Kiel zurückkehrt, betritt er sein Zimmer, zieht den Degen, „küsste die Klinge und die Tränen fielen auf das Eisen", so jedenfalls schreibt er Helene, beantwortet auch ihre Frage, wann er eigentlich Geburtstag habe, wahrheitsgemäß mit: 3. Juni. Zunächst verrät er den Eltern nicht, dass er den Dienst quittiert hat, sondern erzählt ihnen, er habe einen längeren Urlaub erhalten, um seine Verletzungen ausheilen zu lassen.

Auch nach einem erneuten Umzug in die Fleethörn ist die Wohnung klein geblieben. Die Mutter liegt meistens von ihrer Magenkrankheit erschöpft auf der Couch und lässt sich von der Gesellschafterin Henriette aus englischen Romanen vorlesen, der Vater sitzt in seinem Zimmer und sortiert die gesammelten Kupferstiche, schreibt außerdem Abhandlungen über Pferde, die niemand drucken will. Zuweilen malt er auch idyllische Landschaften.

Vom Fenster seines winzigen Zimmers kann Liliencron auf den Hafen blicken. An einem Sturmtag lässt er sich von einem Schiffer mit einem Segelboot auf die Förde fahren, wird von Regen und Gischt völlig durchnässt. An anderen Tagen wandert er durch den Kronshagener Forst, beobachtet neidvoll, wie aus einem von Mauern umgebenen Herrenhaus ein Mann mit einer jungen Frau heraustritt und in eine vorgefahrene Kutsche steigt. Sofort denkt er wieder an Helene; warum der und nicht ich?

Nachdem er die goldenen Städte am Rhein und am Main kennen gelernt hat, empfindet Liliencron seine Geburtsstadt als besonders trostlos. Er trifft kaum Bekannte, vermisst schmerzlich die Kameraden vom Militär. Fast jeden Tag schreibt er leidenschaftliche Briefe an Helene, berichtet, dass er bei seinen Spaziergängen im Wald die Buchen umarmt und den Namen der Geliebten ruft. „Ach! Komm! Lenotschka! Komm, ich sterbe vor Sehnsucht."

Heimlich hat Liliencron die Hamburger *Annoncen Zeitung* abonniert. Er benötigt schließlich dringend eine neue

Beschäftigung. Auf alle Bewerbungen erhält er jedoch nur Absagen. Die einen wollen grundsätzlich keinen Baron, andere stören die Orden. Den meisten sind die Ansprüche zu hoch. Eine Bewerbung schickt er sogar an den bereits einmal angeschriebenen Vetter nach Amerika. Dieses Mal bittet er nicht um Geld, sondern um einen Arbeitsplatz für sich und seine Braut. Die Antwort fällt enttäuschend aus.

Er müsse zum Militär zurückkehren, empfehlen die Eltern mit Nachdruck, nachdem sie zugleich gefasst und enttäuscht die Nachricht vom Abschied erfahren haben. Unnötig sei diese Entscheidung gewesen, sagen beide, und für einen Fehler halten sie nach wie vor auch die Bindung an Helene. Die Mütter nehmen schriftlichen Kontakt auf, um nach Möglichkeiten zu suchen, die Liebenden zu trennen. Von dem regen Briefwechsel ahnen die heimlich Verlobten nichts.

Die abschlägigen Antworten auf seine Bewerbungen haben Liliencron bewiesen, dass er in der zivilen Berufswelt keine Beschäftigung finden wird, jedenfalls nicht zu den erhofften Bedingungen. Zudem vermisst er die Kameraden, überhaupt das Militärische kaum weniger als seine Braut. „Ich bin leidenschaftlich Soldat", schreibt er ihr und berichtet von großen Plänen. Er will die Kriegsakademie besuchen. Mit dem Ziel, in den Generalstab zu gelangen. Er weiß aber auch, dass er mit seinem derzeitigen Wissen die Prüfungen nicht bestehen würde.

Daher studiert er eifrig geschichtliche Werke, vertieft sich in das Leben des Freiherrn von Stein und der persischen Könige, liest widerwillig französische Texte, würde sich viel lieber mit englischer Literatur beschäftigen. Wenn es nur die Mathematik nicht gäbe. Er hasst ihre Formeln aus tiefstem Herzen.

Wenig Vergnügen bieten auch die Abende. Der Mutter zuliebe spielt er mit ihr und der zur Familie gehörenden Henriette Whist. Sie ist zugleich Hausgehilfin, Gesellschafterin und Freundin der Mutter. Hin und wieder geht er ins Theater. Kiel bietet seinen inzwischen auf 31 000 Köpfe gestiegenen Bewohnern gleich zwei Spielstätten. Neben dem Stadttheater hat am Markt ein zu Geld gekommener Gastwirt eine eigene Bühne eröffnet, in beiden Häusern werden alle Sparten von der Oper über das Ballett bis zum Schauspiel geboten. Da das Geld für ein eigenes Orchester fehlt, werden die Musiker des örtlichen See-Bataillons engagiert.

Zwar lobt die *Kieler Zeitung* die Qualität der Aufführungen, Liliencron allerdings zieht Vergleiche mit den Mainzer und Frankfurter Bühnen, und das Ergebnis fällt für die Kieler Künstler sehr ungünstig aus. Er musiziert daher lieber selber. Meistens alleine am Klavier. Oder auch gemeinsam mit der guten alten Henriette.

Obwohl seine Stimme eher am Ton auf dem Kasernenhof geschult ist, überredet er die Gesellschafterin zum Duett. Dann singen sie zweistimmig „Wohin ich geh und schaue in Feld und Wald und Tal, vom Hügel hinauf die Aue, vom Berg aufwärts weit ins Blaue". Selbstkritisch räumt er ein, es höre sich an, als wenn ein Rabe mit einer alten Eule krächze.

* * *

Schon Anfang Oktober 1871 hatte Helene in einem Brief von der Sinnlosigkeit ihrer Verbindung gesprochen. Liliencron war erschüttert, wollte die Trennung akzeptieren, aber auch wiederum nicht, wünschte sich als Abschiedsgeschenk einen Handschuh und eine Schleife von Helenes schottischem Kleid. Er erhielt beides. Bald danach lief der Briefverkehr wieder regelmäßig.

Nun, im November, ist es Liliencron, der einen Abschiedsbrief verfasst. Vor dem auf seinem Schreibtisch stehenden Foto der noch immer Geliebten schreibt er: „Die letzten Sonnenstrahlen umspielen das Bild wie einen Glorienschein". Zuviel habe er aushalten müssen, von ewigen Vorwürfen der Eltern und anderer sei er ein gebrochener Mensch geworden. „Mein Leben gehört dem Staat, und ihm will ich es weihen". Dieser Brief werde der letzte sein. Vorerst jedenfalls.

Tatsächlich verstreicht ein Monat, ehe er wieder schreibt. Er klagt jetzt erstmals nicht nur über Sehnsucht, sondern auch über körperliche Schmerzen. Zu der noch immer nicht vollständig verheilten Wunde am Bein sind rheumatische Beschwerden hinzugekommen. Neben den Klagen enthält die Sendung auch Robert Schumanns Liedersammlung *Dichterliebe*, dazu Gedichte von Eichendorff. Da die Seiten des Buches noch nicht aufgeschnitten sind, legt er ein Papiermesser dazu. Außerdem teilt er mit, dass er versuche, in den Kriegsdienst einer auswärtigen Macht einzutreten. Aus Japan und Persien seien leider schon Absagen eingegangen. Wie so oft kann Helene mehrere Passagen des Briefes nicht entziffern.

Die Enge der Stadt, die Enge der Wohnung, die kränkelnde Mutter, der verbitterte Vater. Lieber heute als morgen möchte Liliencron Kiel verlassen. Aber wo soll er hin? Seine Gläubiger haben ihn schon lange aufgespürt, schicken Mahnungen, Drohungen, kommen persönlich und müssen erkennen, dass ihr Schuldner mittellos ist. Außerdem muss er zu seinem Schrecken erfahren, dass sich auch der Vater verschuldet hat. Mit geliehenem Geld war er für die Verpflichtungen des Sohnes aufgekommen, hatte gehofft, gerichtlich einen Teil des alten Familienbesitzes zurückzubekommen. Aber der Versuch scheiterte kostspielig. Mit tadelndem Unterton schreibt Liliencron an den Freund von Seckendorff: „Mein alter Papa ist ganz stumpf schon. Ach, wäre er nicht so über alle Grenzen groß- und gutmütig in Geldsachen gewesen." Die finanzielle Notlage der Familie spricht sich in der Stadt herum, ohnehin selten gewordene Einladungen bleiben nun fast ganz aus oder werden schamvoll abgelehnt. Ginge es nach dem Vater, würde auch das zum Jahreswechsel übliche Diner im kleinsten Bekanntenkreis nicht stattfinden. Die Mutter aber besteht auf Fortsetzung dieser Tradition. Einmal noch, sagt sie, und die übrigen Familienmitglieder ahnen, was gemeint ist.

Da der Arzt ratlos ist, empfiehlt er eine Luftveränderung. Die Wahl fällt auf Kellinghusen. Dort lässt sich günstig eine Wohnung anmieten, und im nahen Itzehoe lebt adlige Verwandtschaft, von der im Notfall Hilfe zu erwarten ist. Mitte März 1872 erfolgt der Umzug, den Eltern fällt der Abschied von Kiel schwer, dem Sohn nicht. Die neue Enge ist allerdings noch drückender als die alte. Kellinghusen trägt nicht einmal den Titel Stadt, sondern ist nur ein Flecken mit 2300 Einwohnern. Den Planern der neuen Eisenbahnlinie ist der Ort so unwichtig erschienen, dass der Schienenstrang an ihm vorbeiführt. Dafür macht die Stör sich breit und überflutet beinahe regelmäßig die Straßen.

Mehrere Wochen hat Liliencron keinen Brief an Helene geschrieben. Jetzt teilt er ihr unter weiterer Beteuerung seiner Liebe die neue Adresse mit. Seinem Kameraden Brandt berichtet er von der „Vortrefflichkeit der weiblichen Bevölkerung von Kellinghusen".

Kiel bot wenigstens bescheidene Möglichkeiten zur Zerstreuung. Am neuen Wohnort dagegen gibt es nur einige trübe Gaststätten. Und da jegliche Ablenkung fehlt, beginnt Liliencron mit dem Schreiben. Nicht mehr allein Briefe und Eintragungen ins Tagebuch wie bisher, sondern knappe Geschichten, so wie er sie bei seinen Vorbildern Storm und Turgenjew gelesen hat. Seine Erlebnisse während der Waffengänge gegen die Dänen, die Österreicher und die Franzosen sind der Steinbruch, aus dem er seine Anregungen holt. Nach vielen vergeblichen Bemühungen findet er in Braunschweig sogar einen Verleger, der das Manuskript veröffentlichen will. Doch ehe es dazu kommt, stirbt der Mann. Als Liliencron die Texte später erneut durchsieht, missfallen sie ihm, und er vernichtet den größten Teil. Die *Soldaten-Phantasie* schenkt er seinem ehemaligen Regimentskameraden Busse, mit dem er in besseren Zeiten manche Nacht am Spieltisch verbracht hat. Eine Traumgeschichte ist es, mit Kämpfen, mit Sterben, mit der eigenen Verwundung. Eher eine Skizze als eine wirkliche Erzählung.

Rohstoff eben, wie selbst Liliencrons Bewunderer und späterer Biograf Heinrich Spiero einräumt.

Die Arbeit an den Geschichten geht auf Kosten der Briefe. Daher überrascht ihn Helenes Glückwunsch zum Geburtstag. Er antwortet sofort, überschüttet die Braut mit Liebeserklärungen, schreibt, dass er ihr zum Geburtstag am 9. Mai, dem Tag, an dem er um ihre Hand anhielt, beinahe einen Strauß Hyazinthen geschickt hätte. Leider habe er sie nicht auftreiben können.

Zwei Monate später kommen beide überein, die heimliche Verlobung nicht aufrecht zu halten. Mehrere Gründe führen zur Entfremdung. Der Druck der Eltern, die lange Trennung, die nach wie vor hohen Schulden, aber auch Liliencrons Entscheidung, wieder zum Militär zurückzukehren. Sechs Sommerwochen verbringt er in Büsum, mag seinem Freund von Seckendorff nicht einmal den Namen des Ortes nennen. Spricht nur von „einem kleinen billigen Nordseebad", das er später im autobiografischen Roman *Leben und Lüge* zu Ostende macht.

Nach dem Tod der Mutter am 30. September 1872 im Kloster Itzehoe stellt Liliencron beim Kaiser den Antrag, ihm wieder im Waffenrock dienen zu dürfen. Nicht ganz wahrheitsgetreu versichert er, seine Verletzungen seien ausgeheilt, die finanziellen Verhältnisse geordnet.

RÜCKKEHR UND NEUER ABSCHIED

Anfang Dezember 1872 ist es endlich so weit. Der Leutnant Freiherr Friedrich von Liliencron darf wieder einrücken. Nicht ins goldene Mainz oder zurück zu den lebensfrohen Kameraden in Frankfurt, wie er teils gehofft, teils gefürchtet hat. Sein neuer Arbeitsplatz ist das 7. Pommersche Infanterie-Regiment Nr. 54 in Kolberg. „Ein kleines scheußliches Nest in Hinterpommern", meldet er dem Freund von Seckendorff. Es gibt kein Theater, keine Kunst, nur hin und wieder bietet ein reisender Künstler ein Konzert. Die neuen Kameraden bleiben ihm fremd. Mit einer Ausnahme. Ein junger Leutnant hat sich als Balladendichter bereits einen Namen gemacht. Mit ihm besucht er Konzerte, gemeinsam musizieren sie.

Der Dienst in der düsteren, traditionsbeladenen Festung drückt Liliencrons Stimmung. Wo ist das militärische Leben, wie er es gekannt und geliebt hat? Keine glanzvollen Paraden, kein Besuch von berühmten Heerführern, trister Wachdienst statt Kräftemessen Mann gegen Mann. Aber nicht allein die Umstände haben sich geändert. Verändert hat sich auch Liliencron.

In Kiel und Kellinghusen hat er viel gelesen. Religiöse Schriften aus der kleinen Bibliothek seiner Mutter, dazu die Weisheiten des Kaisers Marc Aurel. Er hat sich mit den Fragen gequält, ob das Christentum wirklich die beste aller Religionen und Christus wirklich Gottes Sohn sei. Ja, ob es überhaupt einen Gott gebe.

Dem Freund von Seckendorff versichert er, die „lange Schule meiner Leiden" habe ihn zu einem anderen Menschen gemacht, er sei nicht mehr jener tolle, vor Hochmut und Eitelkeit halb verrückte Mensch.

Doch ist die Heilung wirklich vollständig? Er hoffe, dass sich seine „Schuldengeschichten" bald in Ordnung bringen lassen, schreibt er. Aber das ist ein sehr irdisches Thema. Im Augenblick denkt er dank des philosophischen Staatsmanns Marc Aurel mehr in himmlischen Sphären und empfiehlt von Seckendorff: „Sieh hinein in die glänzenden, heiligen Sterne, als wandelst Du mit ihnen, und Du wirst auf Augenblicke all den Erdenschmutz hinter Dir lassen".

Der Freund ist derart angetan, dass er ein Paket mit einem Kissen schickt, das Liliencron bei früheren Besuchen sehr bewundert hatte.

Nur weg aus dem scheußlichen Nest Kolberg. Mit Beginn des Jahres 1873 ist er in Posen. Dort, wo ihm einst das Klavier vor die Füße fiel und zerschellte. Er wohne über einer Kneipe, alles sei schmutzig in der Stadt, notiert er. Im ganzen Regiment gebe es niemanden, mit dem ein Gedankenaustausch lohne. Er hat sich wieder ein Klavier kommen lassen, diesmal für sich selbst.

Fort, nur fort aus dieser Enge.

Die neue Station Spandau verspricht Freiheit, birgt aber auch die Gefahr des erneuten Absturzes; denn Berlin mit seinen Versuchungen ist zu nahe. Monatelang hat er nicht an Helene geschrieben, zum 18. Geburtstag schickt er ihr einen Strauß Levkojen. Unmittelbar danach erhält er vom Freund Seckendorff die Nachricht, dass Helene sich auf Drängen der Eltern mit einem Leutnant verlobt hat. Sehr wohlhabend soll der neue Bräutigam sein.

Als wären Dämme gebrochen, vergisst Liliencron alle guten Vorsätze. Er fragt nicht mehr, was die Welt kostet, sondern genießt sie in vollen Zügen. Am Tag erfüllt er ordnungsgemäß seinen Dienst in der Spandauer Schießschule, in der Nacht sitzt er am Spieltisch, zieht mit Kameraden, die keine Freunde sind, durch Kneipen und Tanzsäle. Von Banken erhält er schon keinen Kredit mehr, aber bei Geldverleihern von zweifelhaftem Ruf reichen sein Titel und die Versicherung, der finanzielle Mangel sei nur vorübergehend. Durch ein unmittelbar bevorstehendes Erbe werde mit Zins und Zinseszins zurückgezahlt. In der kurzen Geschichte *Der Buchenwald* wird später der Dichter Liliencron aus den eigenen Erfahrungen schöpfen. Allerdings mit einem dramatischen Ende; denn als in der Erzählung der Sohn den Vater ruiniert hat, nimmt er sich das Leben. Auch der Autor hat in Augenblicken der Verzweiflung eine der beiden blanken Duellpistolen in die Hand genommen, einmal sogar den kalten Lauf gegen die Stirn gehalten und abgedrückt.

Was eigentlich macht ihn für Frauen so attraktiv? Er misst nur 1,65 Meter, hat eine hohe, schnarrende Stimme, sagt über sich selbst, er sehe aus wie ein Bierbrauer und Fettwarenhändler. Aber er ist freundlich, kann in Worten und vor allem in Briefen wunderbare Komplimente machen. Wären nur die weiter angestiegenen Schulden nicht. An ihnen scheitert auch die Verlobung mit einer jungen, hübschen und ausnehmend wohlhabenden Tochter eines Gutsbesitzers aus der Nähe von Kolberg. Soll er seine Verpflichtungen verschweigen, jedenfalls bis nach der schon vereinbarten Hochzeit? „Ehrenwerther, aber dummer Weise", so schreibt er an von Seckendorff, habe er dem Schwiegervater in spe „die Schuldenaffaire" gestanden. Und von diesem Augenblick an sei alles vorbei gewesen.

Vorbei ist auch der Versuch, noch einmal beim Militär Fuß zu fassen. Die Entsendung als Bezirksadjutant nach Stettin ist zwar eine gewisse Beförderung, gleichzeitig aber ist es der Beginn eines Abschieds auf Raten. Immer drängender werden die Forderungen der Gläubiger, selbst im preußischen Kabinett wird der Fall des tüchtigen und geschätzten Freiherrn von Liliencron behandelt, zur Sprache kommen auch die nächtlichen Eskapaden.

Das Urteil lautet: Der gute Ruf des Militärs stehe auf dem Spiel, es sei daher empfehlenswert, dem Entlassungsgesuch stattzugeben und die gewünschte Genehmigung zur Auswanderung zu erteilen. Im September 1875 verlässt der nun 31-jährige Baron von Liliencron zum zweiten Mal den Militärdienst. Diesmal ohne Pension und ohne die Aussicht auf eine Rückkehr. Sein Vater ist inzwischen von Kellinghusen wieder nach Kiel gezogen. Die Wohnung in der Holtenauer Straße ist noch bescheidener als die frühere Behausung. Er nimmt den Sohn für einige Wochen auf, obwohl er dessen Lebensweise nun endgültig nicht mehr versteht. Er tröstet sich mit der Gewissheit, dass alles wirklich ein Fluch der „bösen" Liliencronschen Vergangenheit ist.

* * *

Der Schnelldampfer *Pommerania* der Hapag-Lloyd-Reederei ist ein neues und modernes Schiff, das auf der Route Hamburg-New York verkehrt. Die Reise dauert zwei Wochen. Am 20. Oktober 1875 geht Liliencron an Bord. Für seine Kajüte der zweiten Klasse zahlt er 300 Mark, im Zwischendeck hätte er für 90 Mark reisen können. Im Gepäck hat er sehr wohlwollende Beurteilungen seiner ehemaligen Vorgesetzten. Zusätzlich ein Empfehlungsschreiben an den deutschen Gesandten in Amerika, Baron Kurd von Schlözer, ein Studienfreund seines Vaters. Nach stürmischer Überfahrt erreicht die *Pommerania* am 2. November New York.

In Amerika leben mehrere Verwandte und Bekannte der Liliencrons. Sie alle hatten versprochen, den angekündigten Besucher aus der alten Heimat zu unterstützen. Der Gesandte von Schlözer hatte in vorsichtigen Formulierungen die Möglichkeit nicht völlig ausgeschlossen, dass der offenbar tüchtige Sohn des geschätzten Freundes aus Kieler Studientagen einen Platz im Offizierskorps der amerikanischen oder besser noch südamerikanischen Armee finden könnte. Doch alle diese Pläne zerschlagen sich schnell. Zwar bemüht sich der Gesandte ernsthafter, als es der Brief vermuten lässt, teilt Liliencron mit, er habe ihn bei einem einflussreichen Bekannten für die Aufnahme ins argentinische Heer empfohlen. Liliencron ist begeistert. Er hat einmal argentinische Offiziere gesehen, „schöne, kühne Leute mit Adlergesichtern", erinnert er sich. Aber alle Bemühungen scheitern am Geld. Nur mit allergrößter Mühe war es ihm mit Hilfe des Vaters gelungen, noch einmal Kredite für das Schiffsbillett, für die Verpflegung an Bord und die unvermeidlichen Ausgaben nach der Ankunft in Amerika aufzutreiben.

Mit kleineren Beträgen unterstützen ihn zwar die amerikanischen Verwandten. Es zeigt sich jedoch, dass sie nicht über den Wohlstand verfügen, der ihnen in Deutschland nachgesagt wird. Immerhin bemühen sich die Vettern und Cousinen um den Gast aus der Heimat. Wenn nicht mit Dollars, dann mit Empfehlungen bei Freunden. Ein vorzüglicher Reiter sei er. Also findet er für einige Wochen Beschäftigung in einer Reitschule, kann dann aber den rüden Ton der Kollegen und die mit Hochmut gepaarte Dummheit der weiblichen Kundschaft nicht länger ertragen.

Ein begnadeter Klavierspieler sei er. Eine reiche Familie nimmt ihn auf. Zwei eigene an Musik wenig interessierte Söhne und ein halbes Dutzend Töchter mehrerer Nachbarn soll er unterrichten. Mit großer Begeisterung nimmt er seine Pflichten wahr, erweckt bei den zunächst Unwilligen sogar Freude am gemeinsamen Musizieren. Die geliebten Klassiker spielen und singen sie gemeinsam, Schumann, Mendelssohn, Wagner, sogar ein wenig Mozart. Als die Eltern den Unterricht überprüfen, empfinden sie das Angebot als zu schwermütig, empfehlen heitere Salonweisen. Woraufhin Liliencron weiterzieht. San Antonio, Philadelphia, Chicago, New York, verstaubte Kleinstädte, deren kulturelles Zentrum die Bar ist. Für Übernachtung, Verpflegung und ein Trinkgeld spielt er nun wirklich Salon–musik, sucht bei Schlägereien Schutz unter dem Klavier, wird einmal sogar Zeuge einer Schießerei und stellt fest, dass er sich im Kugelhagel durchaus wohl fühlt.

Sprachunterricht könne er doch geben. In New York sei die Nachfrage groß, wird ihm gesagt. Die Wirklichkeit ist dort dann noch furchtbarer als in der Provinz. In der größten Stadt des Landes leben zwar viele Deutsche, von den amerikanischen Bewohnern aber will niemand Deutsch lernen. Schon wenn sie versuchen, seinen Namen nachzusprechen, scheint sich ihre Zunge zu verknoten: Leiliencraun. Wie könne man mit einer derartigen Sprache auf Dauer leben? Tag um Tag wandert er bis zur Erschöpfung durch die Straßen der Stadt, nennt sie „Riesenadern", durch die „der Erde Reichtum fließt".

In Amerika ist Liliencron derart mit dem Überleben beschäftigt, dass er kaum etwas schreibt, ganz gegen seine Gewohnheit nur wenige Briefe. Einige der entstandenen Gedichte vernichtet er oder lässt sie später lediglich in veränderter Form in sein Gesamtwerk aufnehmen. Die unersättlich große Gier, „auf alle Fälle Geld zu machen", bereitet ihm Grauen, und er sehnt sich zurück nach Schleswig-Holstein:

„… Rastlos fast sah ich mich um nach einem Halt. –
Da plötzlich
In all dem Schreien, Stoßen, Fluchen, Treiben,
Zog klar vorüber mir ein liebes Bild:
Ganz wie versteckt in Feld und Wald und Haide.
Fern von den Dörfern und den großen Straßen,
Liegt unser Haus vereinsamt und verloren,
In eines alten Gartens stille Welt.
Die Sonne schien auf kiesbedeckte Wege,
Und in den Bäumen war ein Maienleben."

In New York erkennt Liliencron endgültig, wie tief er gesunken ist. Seine Bleibe ist der von einem Deutschen geführte, übelbeleumdete Gasthof *Hotel zum Alligator*. Noch kann er mühsam eine schäbige Dachkammer bezahlen, aber unten im Saal sieht er, was ihm droht. Hier kostet die Übernachtung fünf Cent oder 22 Pfennige. Dafür bietet der Wirt einen Stuhl und ein durch den Raum gezogenes Seil, auf das die Gäste ihre Arme legen können. Wer am Morgen um 5 Uhr auf den Weckruf nicht reagiert, erwacht unsanft, denn das Seil wird abrupt losgebunden.

Ohne Hut und Stiefel sei Liliencron durch die Stadt gewandert, so berichtet eine Verwandte. Inzwischen empfinden ihn alle Bekannten als Last und empfehlen dringend die Rückkehr in die Heimat. Anfang Februar 1877 verfügt er endlich über genügend Geld für die Rückreise. Er wählt die billigste Route nach Liverpool. Im Jahr darauf sinkt die *Pommerania* bei einer Kollision vor Dover, und die meisten der 55 Passagiere ertrinken.

Das Abenteuer Amerika hat bei Liliencron sein Leben lang tiefe Spuren hinterlassen. Den Aufenthalt in der Neuen Welt bezei–chnet er als „Hölle". Beeindruckt hat ihn allerdings die dort herrschende Freiheit. Er nennt Beispiele: Wenn es einem Reisenden in den Sinn komme, dann könne er jederzeit aus dem fahrenden Zug springen. Niemand werde ihn daran hindern oder ihn auch nur tadeln. Andererseits müsse mit fünf Jahren Zuchthaus rechnen, wer einen Regenschirm stehle. Straffrei wiederum gehe aus, wer sich eine Million Dollar unter den Nagel reiße. Der Betreffende werde sogar noch bewundert.

Erleichtert und zugleich gerührt kleidet er seine Gefühle bei der endgültigen Rückkehr in die Verse:

Aus Wogen taucht ein blasser Strand
Es schimmert fern durch meine Tränen
Des Vaterlandes Küstenrand.
Erschöpft muß ich am Maste lehnen.

ALTE LIEBE

Der Leutnant a. D. Freiherr Friedrich von Liliencron ist nun fast 33 Jahre alt. Er ist hoch verschuldet, hat keinen zivilen Beruf, sein gesamter Besitz passt in wenige Koffer. Einziger Halt ist sein mittlerweile 75-jähriger Vater, der von Kiel nach Hamburg St. Georg gezogen ist. Er nimmt den zurückgekehrten Sohn nicht nur auf, sondern richtet auch eine Petition an den Kaiser. Der zeigt sich gnädig, bewilligt seinem ehemaligen Leutnant ein jährliches Ruhegehalt von 498 Mark und eine Verwundetenrente von 750 Mark. Ausgezahlt wird die Pension allerdings noch nicht. Als zusätzliche Gnade folgt die Erlaubnis zum Tragen der Uniform, die der Vater sorgfältig aufbewahrt hat.

Der Sohn unternimmt unterdessen diskrete Nachforschungen. Er hat Helene nie vergessen, stellt sich die inzwischen 21-Jährige als treusorgende Mutter in geordneten familiären Verhältnissen vor. Zu seiner Überraschung und Freude erfährt er, dass sie nach dem Tod ihres Vaters die Verlobung gelöst hat und bei ihrer Mutter in Görlitz lebt. Wenige Tage nach seiner Ankunft in Hamburg schreibt er ihr unter dem Datum vom 24. Februar 1877 einen Brief, in dem er sich unwissend und kühl gibt und das „gnädige Fräulein" bittet, ihm „binnen einiger Tage" mitzuteilen, ob sie verlobt oder verheiratet sei.

Als hätte Helene auf die Nachfrage nur gewartet. Bereits drei Tage später teilt sie mit, was Liliencron schon weiß, versichert ihre nach wie vor vorhandene Zuneigung, legt wie gewohnt einige gepresste Blüten in den Brief. Der Postweg ist jetzt beschleunigt. Mussten die früheren Briefe mit Rücksicht auf den strengen Herrn von Bodenhausen stets über eine Vertrauensperson zugestellt werden, ist Heimlichkeit nun nicht mehr erforderlich. Nur Stunden nach Empfang der guten Nachricht trägt Liliencron seine Antwort zum Postamt. Artig spricht er in dem Schreiben sein Bedauern über den Tod des Vaters aus, der ihn einst so kränkend abgewiesen hat, würdigt sein „liebenswürdiges, ritterliches Wesen" und schlüpft sogleich wieder in die Rolle des verzückten Poeten. Drei Stunden sei er nach Empfang der freudigen Botschaft durch die Straßen gelaufen. „Es war alles in Sommerlicht getaucht. Vor den Fenstern standen Frühlingsblumen. Die Sperlinge schwätzten, die Lerchen jubelten, die alten Krähen stolperten noch einmal so vergnügt durch die Luft. Die Menschen lachten."

Beim Gärtner kauft er eine Levkoje, Helenes Lieblingsblume, und schwelgt bei ihrem Duft in Erinnerungen, schöpft aber auch zugleich Mut. Ob sie, die „süße Helene", wohl mit einem Ja antworten würde, falls er „in nicht mehr langer Zeit" noch einmal um ihre Hand anhalten sollte? Unter deutlich besseren Voraussetzungen seinerseits, wie er hinzufügt. Denn seine Situation werde sich demnächst günstig gestalten. Schon jetzt habe er sich in der Musik vervollständigt, singe nur noch „vornehme" Lieder von Schumann, Schubert und Brahms.

Liliencrons Briefe erstrecken sich meistens über mehrere Seiten. Er beschreibt ausführlich, was er fühlt, was er sieht und was er vorhat, schildert mit jedem Detail, wie sein Schreibtisch aussieht: Eine alte Tür bedeckt mit einem grünen Tuch, zwei antike Leuchter, Granatstücke vom Schlachtfeld, eine kleine Madonna von Carlo Dolci in einem antiken Schränkchen, ein großes bronzenes Tintenfass, ein Globus. Helene antwortet knapp, wählt als Anrede „Liebster Herr von Liliencron" oder „Bester Fritz", legt neben Blütenblättern bunte Bänder und Fotografien bei.

Was wohl die versprochene verbesserte Situation bedeutet? Helene fragt nicht nach und erfährt somit auch nicht, dass der Hinweis auf das häufige Musizieren seinen Grund hat. Liliencron möchte nicht nur Dichter, sondern auch Musiklehrer werden. Vom Verseschmieden, das hat er eingesehen, lässt sich, jedenfalls zum gegenwärtigen Zeitpunkt, der Lebensunterhalt nicht bestreiten. Mit der Erteilung von Musikunterricht dagegen schon. Selbstkritisch räumt er ein, dass es ihm noch an Wissen mangele und daher eine Ausbildung erforderlich sei. Für zwei bis fünf Taler die Stunde. Aber das Geld, woher soll es kommen? Viel zu oft schon hat er den Freund von Seckendorff um Hilfe gebeten, nie ganz vergeblich. Während des Aufenthalts in Amerika war die Verbindung allerdings eingeschlafen. Nun nimmt er sie notgedrungen wieder auf. Ob er ihm 100 Taler vorschießen könne? Er befinde sich nämlich in einer „nicht beneidenswerten Situation". Vom geplanten Wechsel ins Musikfach verrät er noch nichts. Dem Schreiben legt er vier frisch entstandene Gedichte bei und bittet um „strenge Kritik".

Wie gewohnt kommen Geld und dazu wohlwollende Worte über die Verse.

Es vergeht kein Tag, an dem Liliencron keine Briefe schreibt. Die an Helene werden immer umfangreicher. Jeden Gedanken teilt er der Geliebten mit, beschreibt fantasievoll jede Ecke seines Zimmers, schwelgt in Erinnerungen, erlaubt sich reichlich dichterische Freiheit, nimmt es mit Tatsachen nicht genau, etwa, wenn er behauptet, sein Vater sei genau so alt wie die 71-jährige Wohnungsvermieterin oder wenn er treuherzig versichert, selbst in seiner „leichtsinnigen Periode" nie ein „Verschwender" gewesen zu sein. Gleichzeitig äußert er die Hoffnung, dass die Angebetete „zum Finanzminister geboren" sei und versichert, bald werde man reich sein, weil er „wie ein Pferd" arbeite.

Fleißig ist er in der Tat, doch was er schreibt, will niemand drucken. „Ekelhaftes Gesindel" nennt er die Zeitungsredakteure, die seine Gedichte zurückschicken. Er sei nicht bereit, „den Pöbel" zu bedienen, wenn er schreibe, „so soll es vornehm sein".

Mit dem Vater kann er über sein Schreiben nicht reden, in diesen Apriltagen schon gar nicht, denn es ist die Saison der Pferderennen. Fast jeden Tag macht sich der alte Herr auf den Weg zum Parcours, wagt sogar einen kleinen Wetteinsatz und berichtet am Abend anhaltend und aufgeregt von seinem einzigen Vergnügen. Den Sohn langweilen diese Erzählungen unendlich. Er will dichten, dichten, und er sucht geradezu verzweifelt Kontakt zu Literaten, die schon auf dem Olymp der Dichtkunst sitzen. Theodor Storm zum Beispiel. Er hat es gewagt, dem gefeierten Landsmann in wohlgesetzten Worten mitzuteilen, dass er während des Feldzugs gegen Frankreich mit Kameraden am Lagerfeuer einige Erzählungen des hochverehrten Meisters gelesen habe.

Es dauert lange, ehe Storm antwortet. Am 12. Juni 1877 entschuldigt er die Verzögerung mit der Begründung, „Zeit und Kraft fangen allmählich an, bei mir etwas knapp zu werden". Zwischen den beiden noch ungleichen Briefpartnern kommt es sogar zu einer vorsichtig geführten Meinungsverschiedenheit. Liliencron versucht, die Ehre des Offiziersstandes zu schützen, indem er den Wahrheitsgehalt der von Storm verfassten Geschichte *Heut und ehedem* bezweifelt. Darin entfernt sich ein zunächst galant auftretender Offizier brüsk von einer Dame, als er erfährt, dass sie in die III. Klasse eines Eisenbahnzuges einsteigt. Storm teilt dem Leutnant a. D. von Liliencron mit, dass es sich bei der erwähnten Dame um die eigene Ehefrau gehandelt habe. Mit spöttischem Unterton fügt der auf preußisches Militär ohnehin nicht gut zu sprechende Literat hinzu, es sei eben unvermeidlich, „wo ein ganzer Stand vornehm erscheinen soll, da muß die innere Vornehmheit auf Kosten der äußeren leiden".

Auf wenig Gegenliebe stößt Liliencron auch mit seinem Versuch, für den von ihm geschätzten Komponisten Robert Franz zu werben. Kühl lässt Storm ihn wissen, dass er von dem Empfohlenen nicht viel halte und für die Vertonung seiner Gedichte nur ein Robert Schumann in Frage komme. Als hartnäckiger Briefschreiber lässt sich Liliencron jedoch nicht entmutigen und äußert weitere Bitten. Ob ihm der

Herr Amtsgerichtsrat vielleicht eine Fotografie schicken könne?

Und wieder folgt eine, wenngleich freundliche, Absage. Mit Photographien stehe es augenblicklich übel. Es gebe sie nicht einmal mehr im Buchladen. Aber sobald er auf dem „Photographierstuhl" gewesen sei, werde er ein Bild schicken. Wohl um dem Verehrer und Nachwuchs-Literaten ein wenig zu schmeicheln, bittet Storm um die Übersendung einer unter dem Namen Liliencron erschienenen Shakespeare-Novelle, deren Anfang er in der Zeitschrift *Über Land und Meer* gelesen habe.

Diesmal nun muss Liliencron den berühmten Kollegen mit der für ihn etwas peinlichen Antwort enttäuschen, der gewünschte Text stamme leider nicht aus seiner Feder, sondern von der Frau seines Vetters Rochus von Liliencron.

* * *

Mit Helene ist ein Wiedersehen vereinbart. Und je näher der Termin rückt, desto leidenschaftlicher klingen Liliencrons Briefe an sein „liebes Täubchen": „Ich bin wie toll. Ich will sterben, wenn Du nicht mein eigen wirst. Die Tränen stürzen mir aus den Augen. Es ist jeder Schlag meines Herzens nur für Dich." Im gleichen Brief teilt er ihr mit, dass sie unbedingt zehn Novellen von Storm lesen müsse, und zwar in einer ganz bestimmten Reihenfolge. Zuerst *Immensee* und zum Schluss *Posthuma*. Zuvor hat er bereits eine kleine Lektion über die Bedeutung des Sonetts erteilt. Der Silbenfall sollte haarscharf sein. Die beiden ersten Strophen müssten vierzeilig, die beiden letzten dreizeilig sein. Ein Beispiel aus der eigenen Feder legt er bei. Helene gefallen die ihr gewidmeten Verse:

„Nun kommt die Zeit, wo ich Dich sehen werde / Im Waldesschatten, bei des Mondes Schimmer".

Von den empfohlenen Erzählungen des angeblich so berühmten Herrn Storm liest sie nur *Immensee* und verspürt anschließend keine Lust auf mehr. Die Ausführungen über die Bedeutung eines Sonetts interessieren sie gar nicht. Erst vier Monate nach seiner Rückkehr aus Amerika reist Liliencron am 7. Juli zum Treffen mit der Geliebten nach Görlitz. Zuvor hat er ehemalige Kameraden in Berlin und Cottbus besucht. Er bleibt stets länger als geplant, zeigt sich mit geborgtem Geld gewohnt freigiebig, wohnt luxuriös, schenkt dem Hausknecht nur deshalb 12 sehr teure Zigarren, weil der Mann berichtet, wie sehr ihm das Soldatenleben gefallen habe.

Den Besuch in Görlitz, dessen Höhepunkt die zweite, wenngleich noch nicht offizielle Verlobung wird, verarbeitet Liliencron nach der Rückkehr zu einer romanhaften Darstellung: Derart aufgeregt sei er beim Aufbruch aus dem Hotel gewesen, dass er nur einen Stiefel geputzt habe; als ihm jemand den Weg zeigte, habe er rechts und links verwechselt. Dort in der Ferne, jene schlanke Gestalt. Ja, sie ist es. Welch unsinnige Begrüßungsworte, diese süßen Augen, dieses Lächeln, in den fernen Bergen der Schnee, ein blauer, unglaublich schöner Himmel, bei der Rückkehr ins Hotel sechs Gläser Rotwein. Und später der liebenswürdige Empfang bei der Mutter, noch einmal gemeinsam mit einem Glas Sekt angestoßen, danach, begleitet am Klavier, wunderbarer Gesang der Braut. „Es wird unsere Ehe himmlisch werden."

Helene ist katholisch, soll er sich mit ihr auch im Glauben vereinigen? Den Protestantismus empfindet er schon lange als zu nüchtern, ja rundweg bäurisch. Und dann vor allem diese schrecklichen Predigten. Wie berauschend und beseligend sei dagegen ein katholischer Gottesdienst. Diese geradezu klassische Heiterkeit.

Er bittet den Freund von Seckendorff, Erkundigungen einzuziehen, wo und wie er am besten zum Katholizismus übertreten könne. Hamburg wäre ihm am angenehmsten. Seckendorff schickt erst einmal einige Lehrbücher, darunter den *Leitfaden für den katholischen Religionsunterricht an höheren Lehranstalten.* Über die sieben Sakramente wundert sich Liliencron, die Ohrenbeichte schreckt ihn ab. Man könne einem Priester doch nicht alle seine Geheimnisse erzählen, wer weiß, wie er damit umgehe, wahrscheinlich gebe er das Erfahrene an andere weiter. Wenn er beichten wolle, dann wende er sich an den lieben Gott persönlich.

Die Idee mit dem Religionswechsel ist damit verworfen, sehr zum Missfallen von Helenes streng gläubiger Mutter. Beinahe jeden Tag schreibt er nun etwas. Gedichte und kleine Erzählungen schickt er an Redaktionen, bekommt jedoch nur Absagen. „Zu vornehm" sei der Text, heißt es in einer Ablehnung.

Die schon bewilligte Pension wird noch immer nicht ausgezahlt, er ist somit ohne jegliches Einkommen. Der Vater unter-stützt ihn, Freunde und Bekannte helfen mit Einla-

dungen. Ohne Scheu schreibt er in alle Richtungen Bittbriefe. Ernst von Seckendorff ist sein wichtigster Adressat.
Ihm berichtet er von seinen Plänen, sich zum Musiklehrer
ausbilden zu lassen. Aber die Kosten, diese wahnsinnig
hohen Kosten für einen wirklich guten Lehrer, man könne
schließlich nicht jemanden aus dem „unteren Stande" nehmen, der womöglich auch noch ständig Bier trinke.

Ob er ihm vielleicht 450 Taler besorgen könne? Auszahlbar
in vierteljährlichen Raten. Sein Vater würde für die Sicherheit bürgen, und wenn er erst einmal selbst Unterricht ertei-
le, werde er den Kredit nach und nach abbezahlen.

Der Brieffreund kann und will die gewünschte Summe nicht
auftreiben, dennoch nimmt Liliencron einige Unterrichts-
stunden, ein geordneter Musikunterricht kommt jedoch nicht
zustande.

Wie in einem Käfig fühle er sich, klagt Liliencron, Konzerte,
Theater, Gesellschaften, nichts könne er sich leisten. Wenn
man dieses Leben in der vornehmen Welt nicht gewohnt
sei, dann vermisse man es auch nicht, die Entbehrung aber
sei besonders schmerzhaft, wenn man den Luxus von Kindheit an genossen habe.

Auch mit den Geschenken, die Liliencron großzügig zu
verteilen pflegte, muss er sich notgedrungen zurückhalten.
Helene beglückt er mit eigenen und fremden Gedichten
und einer Schachtel Kieler Sprotten, für deren Empfang sich
die Braut zunächst nicht ordnungsgemäß bedankt, so dass
der Absender nachfragt.

Am 18. Dezember 1877 folgt in Görlitz nach den beiden
heimlichen jetzt endlich die offizielle Verlobung. Die Mit-

teilung an den Freund von Seckendorff besteht aus einem einzigen, sehr nüchternen Satz. In diesem selben Brief erkundigt er sich noch einmal ausführlich über die Vorteile des Katholizismus.

* * *

Das neue Jahr beginnt für Liliencron schlecht. Kaum ist er aus Görlitz nach Hamburg zurückgekehrt, erreichen ihn beunruhigende Nachrichten. Gläubiger aus seiner Soldatenzeit haben ihn aufgespürt. Sie verlangen endlich die Rückzahlung ihres Geldes, wollen sich nicht länger vertrösten lassen und drohen mit gerichtlichen Klagen.

Wieder schreibt er an Seckendorff. Ob er irgendwelche Stipendienkassen oder Geldinstitute kenne, „die für solche oder ähnliche Fälle Geld vorschießen". Die Antwort fällt erneut enttäuschend aus, die Gläubiger werden in flehenden Worten um weitere Geduld gebeten. Bald werde er mit literarischer Produktion genügend Geld verdienen, um alle Verbindlichkeiten zu begleichen. Doch Liliencron glaubt den eigenen Worten nicht.

Er denkt an Flucht, plant sogar vorsichtig eine Rückkehr nach Amerika, will „dieses scheußliche, ekelhafte Land" seiner „zarten, vornehmen kleinen Frau" dann aber doch nicht zumuten. In dunklen Stunden fragt er sich auch, ob er überhaupt berechtigt sei, Helene an sich zu binden, verarbeitet diese trüben Gedanken zu Gedichten und schickt sie der Verlobten:

Du kettest immer noch dein junges Leben
An mein Geschick, das dunklere Gestalten
Mit jedem neuen Tage mehr umwalten.
So sehr ich kämpfe, mich zum Licht zu heben

Mich traf ein Fluch, und böse Mächte schweben
Um meine Stirn, die mich gebunden halten,
Die nur noch tückischer die Fäuste ballten,
Als ich dein Schicksal wollt in meins verweben.

Helene beunruhigen diese Verse. Ein Besuch in Hamburg bestärkt ihre Zweifel. Zwar ist sie gewohnt, in bescheidenen Verhältnissen zu leben, aber die geradezu ärmlichen Lebensumstände der Liliencrons erschrecken sie. Trotz ihres nur kurzen Aufenthaltes kommt es zu Auseinandersetzungen, anschließend zu leidenschaftlicher Versöhnung. Zwei sehr unterschiedliche Charaktere sind aufeinander getroffen.

Während Helene auf der Rückreise noch im Zug sitzt, schreibt ihr Liliencron bereits einen Brief. Ganz Literat schildert er zunächst, wie er den Abschied bei der Abfahrt des Zuges empfunden hat: „Dein Fenster war geschlossen. Du sahest mich, aber Deine Gedanken waren anderswo. Dein Gesicht war quittengelb, Deine Lippen blutlos, ein furchtbarer, noch nie gesehener furchtbarer Zug lag zwischen den Brauen. Ich schwenkte Taschentuch und Hut. Du sahest mich, aber Du erkanntest mich nicht. Da lag irgendeine Trauer, Schmerz, innerste Herzabwendung in Deinem Gesicht. Ich kann in alle Ewigkeit nicht das Gesicht vergessen. Nie – niemals."

Anschließend geht er auf die Auseinandersetzungen ein, kann nicht verstehen, dass Helene ihn „kalt und kleinlich" genannt hat. Dies zeige, dass sie ihn nicht kenne. Er könne der Welt nun einmal nicht sein Herz zeigen, sein ganzes Leben sei „ein inneres, ein in sich gekehrtes". Je lustiger und lärmender eine Gesellschaft um ihn herum sei, desto stiller werde er.

Auf den Tag genau zwei Monate später findet am 8. Oktober 1878 in Görlitz die Hochzeit statt. Zum Bedauern der Brautmutter in der evangelischen Kirche. Das junge Paar zieht in eine kleine Wohnung in Hamburg St. Georg. Jetzt endlich wird auch die schon lange bewilligte Pension ausgezahlt, und die Erlaubnis zum Tragen der Uniform tritt in Kraft. Zuvor verlangen die Behörden allerdings noch den zweifelsfreien Nachweis, dass Liliencron nach Auswanderung und Rückkehr aus Amerika überhaupt noch deutscher Staatsbürger sei.

Das *Militärwochenblatt* meldet als kleine Notiz die Wiederverleihung des Uniformrechts. Neben einigen Glückwünschen geht daraufhin auch ein Pfändungsbefehl über hundert Mark ein, den der Vollstreckungsbeamte der Baronin von Liliencron überreicht und bei der Empfängerin einen Schock auslöst. Zum Trost schreibt ihr der Gemahl ein Gedicht, dessen erste Strophe lautet:

Vorbei die ersten Liebeswochen,
Die wir gelebt an unserm Herd.
Der Feind will an die Thüre pochen,
Ein Feind, der wohl des Kampfes wert.

Da er die verlangten hundert Mark innerhalb der vorgeschriebenen 24 Stunden nicht aufbringen kann, trägt er eine silberne Vase, ein Hochzeitsgeschenk, ins Pfandhaus.

Als andere Gläubiger Ansprüche von 3054 Mark anmelden, werden die Möbel des jungen Paares gepfändet, dürfen allerdings noch bis zum 1. August 1879 in der Wohnung bleiben. Zu einer dramatischen Szene kommt es, als der Gerichtsvollzieher die Ringe von Helenes Finger ziehen will. Halt, sofort halt, ruft der Gatte empört, ergreift den an der Wand hängenden Säbel, woraufhin der Beamte erschrocken zurückweicht und sich darauf beschränkt, den Wert des Schmucks durch Augenschein festzustellen.

Die lang ersehnte Pension ist zwar bescheiden, würde für den Lebensunterhalt aber reichen. Doch der größte Teil des Geldes steht nicht mehr zur Verfügung. Er musste für ausstehende Miete verpfändet werden.

Und wieder geht ein verzweifelter Brief an den fernen Freund Seckendorff. „Ich bitte Dich als Freund, all Deine Kräfte anzustrengen, um mir zu helfen und zu raten. Ich stehe unrettbar vor dem Abgrund."

Dort steht er jetzt nicht mehr allein. Der Vater und Helene drängen ihn, sich um eine Anstellung zu bemühen, aber die Angebote sind schlechter als bei früheren Anfragen. Man bietet zwei Jahre Volontärszeit ohne Gehalt, anschließend 400 Taler. Er reist sogar nach Berlin und wird im Auswärtigen Amt vorstellig. Der Staatssekretär von Bülow ist ein Bekannter des Vaters. Leider, leider sei ohne juristische Ausbildung gar nichts zu machen, zudem würden für den Konsulardienst nur unverheiratete Bewerber aufgenommen.

Vielleicht kann der Graf von Moltke helfen? Er wird sich gewiss daran erinnern, wie gut sich einst seine Frau Maria mit der Baronin von Liliencron verstanden hat. Aber der Sieger von Königgrätz und Sedan ist mittlerweile nicht nur ein sehr alter, sondern auch ein sehr beschäftigter Mann, sitzt mit fast 80 Jahren immer noch im Reichstag, verkehrt mit dem Kaiser und mit Kanzler Bismarck. Nur noch recht dunkel erinnert er sich an den Namen Liliencron. Immerhin lässt er von sich hören, empfiehlt eine Tätigkeit als Gendarm.

Ganz offenkundig ist über Beziehungen nichts Sinnvolles zu erreichen. Liliencron muss nun doch den ungeliebten „Zivilversorgungsschein" in Anspruch nehmen, der in Ehren entlassenen Militärpersonen ausgestellt wird. Also nimmt er den blau eingefärbten Briefbogen mit der Krone und dem großen L im Kopf und schreibt unter dem Datum vom 14. Juni 1879 an den Oberpräsidenten der Provinz Schleswig-Holstein, Heinrich von Boetticher: „Als geborener Schleswig-Holsteiner wäre es mir von großem Wert, in meinem Heimatlande eine Anstellung im Zivildienst zu erlangen, und geht daher meine große Bitte dahin, hochgeneigtest mir eine Anstellung in der Euer Exzellenz unterstellten Provinz gewähren zu wollen."

Ein Baron bewirbt sich nicht alle Tage um eine Beschäftigung in der kommunalen Verwaltung. Mit 35 Jahren hat man auf der Karriereleiter normalerweise eine beträchtliche Höhe erreicht. Die ein wenig merkwürdige Angelegenheit muss daher sorgfältig überprüft werden. Der Oberpräsident schickt das Gesuch an den Kollegen Regierungspräsidenten, der antwortet erstaunlich schnell und zusätzlich wohlwollend. Ja, eine Verwendung als Hardesvogt oder gar Kirchspielvogt sei vorstellbar. Der Herr Baron möge seinen Berufswunsch dem Minister des Inneren, Graf Botho Eulenburg, zukommen lassen. Auch der wundert sich ein wenig über den ungewöhnlichen Bewerber und lässt beim Kriegsminister von Kameke Auskünfte zur Person des Leutnants a. D. einholen. Und diese Zeugnisse sind von allerbester Qualität. Gleich an zwei Kriegen habe der Kandidat teilgenommen, die Auszeichnungen dokumentierten die auf dem Schlachtfeld gezeigte Tapferkeit. Zusätzlich soll sich der Freiherr von Liliencron auch noch literarisch betätigen. Über seine Vermögenslage sei nichts Nachteiliges bekannt.

Am 30. April 1879 kann daraufhin der Oberpräsident die gute Nachricht übermitteln. Ein tüchtiger preußischer Beamter scheint gewonnen zu sein.

Ob er in Wandsbek eingesetzt werden könne, fragt Liliencron an. Die Nähe zu seinem derzeitigen Wohnsitz würde die Umzugskosten verringern. Nein, ein angehender preußischer Beamter kann seinen Arbeitsplatz nicht selber bestimmen, er bekommt ihn zugewiesen. Beim Landratsamt in Eckernförde herrscht Personalnot.

DER BEAMTE

Friedrich von Liliencron, der sich Freiherr oder Baron nennen darf, hat in zwei für sein Vaterland siegreichen Kriegen gekämpft. Er ist ein guter Reiter, ein passabler Klavierspieler, ein fleißiger Briefschreiber. Er hat außerdem schon mehrere, allerdings wenig beachtete Gedichte und kurze Geschichten verfasst.

Aber alle diese Fähigkeiten werden von einem tüchtigen preußischen Beamten nicht verlangt. Für diesen Beruf bringt Liliencron nicht die geringsten Voraussetzungen mit. Und besonders bedauerlich ist, dass es ihm auch an der Begeisterung für die neue Aufgabe mangelt.

Am 1. Oktober 1879 meldet er sich zum Dienstantritt in Eckernförde, einem „Nest in Schleswig", wie er von Seckendorff schreibt. Gleichzeitig äußert er die Hoffnung, dass er dort nicht länger als ein halbes Jahres tätig sein muss. Sein Hab und Gut lässt er in der Hamburger Wohnung, die unbewohnt ist, denn Helene ist zu ihrer Mutter nach Görlitz zurückgekehrt. Die ständige Geldnot hat sie zermürbt. Das unstete Wesen des Gatten auch. Am besten verstehen sie sich im Briefwechsel.

In dem Eckernförder Vorort Borby mietet Liliencron zwei Zimmer in unmittelbarer Nähe der Ostsee. Seiner Frau schreibt er, dass er jenseits der Bucht die Güter Wulfshagen,

Sehestedt und Hütten erkennen könne, einst Besitzungen der Familie Liliencron. Den weiten Blick hat er für sich allein, denn die genannten Orte liegen in Wirklichkeit weit entfernt im Binnenland.

Schon am ersten Arbeitstag erkennt Liliencron, was ihm bevorsteht: Langeweile von 8 bis 12 und 14 bis 18 Uhr. Dabei hat er sich bei seiner Vereidigung durchaus amüsiert. Wie im Mittelalter sei es zugegangen, berichtet er nach Görlitz. Von altpreußischen Bürokraten sei er umgeben gewesen. Stoff für viele boshafte Texte habe er sammeln können. Und dann erst das ihm zu Ehren gegebene Diner beim Landrat Freiherr von der Reck, dessen Mutter, eine geborene Stolberg, er mit „Gnä' Frau" anspricht und vom Diener darauf hingewiesen wird, dass die korrekte Anrede „Erlaucht" sei. Immerhin bescheinigt er dem Landrat ganz im Gegensatz zu anderen „Eckernförder Spießbürgern" wenigstens „etwas Geist".

Von der Reck ist zugleich ein Menschenkenner; denn am Ende der auf ein halbes Jahr festgesetzten Probezeit kommt er zu dem Urteil, dass sich Liliencron zwar bemüht habe, in die Verwaltungsgeschäfte einzudringen, für eine selbstständige Tätigkeit aber noch nicht geeignet sei. Daher empfiehlt er eine Verlängerung der Probezeit um weitere sechs Monate bis zum Oktober 1880.

Besonders unzufrieden ist Liliencron mit dieser Entscheidung nicht. Wider Erwarten fühlt er sich in Borby wohl. Da er von Versuchungen und anderen Ablenkungen verschont bleibt und der Dienst nicht so aufreibend ist, wie er befürchtet hat, verfügt er über genügend Zeit zum Lesen und Schreiben. Gezielt sucht er Kontakt zu anderen Poeten, achtet dabei darauf, dass sie besser gestellt sind als er selbst. Neben Theodor Fontane gehört Prinz Emil von Schoenaich-Carolath dazu. Der Adlige ist eine zu Schwermut neigende, grüblerische Natur, schreibt romantische Gedichte und Erzählungen. Finanziell bestens gestellt, reist er durch die Welt und besitzt an der dänischen Ostseeküste das Herrenhaus Palsgaard, erbt 1896 zusätzlich das Gut Haseldorf.

Es ist ein ungleiches Paar, doch die Liebe zur Dichtung führt sie zusammen. Der Prinz lädt zum Besuch nach Palsgaard, doch es mangelt an Urlaub und Geld. Sehr unterwürfig berichtet Liliencron über seine Arbeit, schmeichelt überschwänglich dem Briefpartner, ob er, falls er die Ehre habe, den durchlauchtigsten Prinzen zu treffen, an dessen Epos *Angelina* Bleistiftnotizen machen dürfe? Wie sehr er sich freuen würde, wenn er in Gegenwart der geschätzten Durchlaucht dessen Gedichte lesen und seine Meinung äußern dürfe.

Sich selbst macht er klein. Er wisse, dass er kein Dichter sei, er habe nur schöne Gedanken, ihm fehle aber die Sprache, um sie auszudrücken. Und trotzdem dichte er weiter.

Als Arbeitsprobe legt er dem Schreiben das am gleichen Tag geschaffene dreistrophige Gedicht *Mächtige deutsche Pappel* bei.

Vor meinem Fenster steht ein Baum,
Ich sah ihn manche Jahre grünen.
Das Leben steigt, das Leben fällt;
Was kümmert das den alten Hünen …

Mit gespielter Zerknirschung bekennt Liliencron, dass er die Verse während der Dienstzeit geschmiedet hat. Während einer Steuerberechnung.

Ausgesprochen zurückhaltend nur hat Liliecron dem Prinzen von seiner ständigen Geldnot berichtet. Von Schoenaich-Carolath hat die Notlage dennoch erkannt und finanzielle Hilfe geleistet. Doch dann ergibt sich eine peinliche Situation.

Liliencron wird in seiner Eigenschaft als Leutnant a. D. und zugleich erfahrener Verwaltungsbediensteter zum Hamburger Bezirkskommando beordert. Dort entdecken ihn wieder einmal die Gläubiger. Ein Vollstreckungsbeamter erscheint im Büro, präsentiert für alle Mitarbeiter sichtbar einen Wechsel, der binnen 24 Stunden zu bezahlen ist.

Liliencron wird sogleich zum Komödianten: Oh, oh, die holde Gattin habe wohl erneut einen teuren Brillantschmuck erworben, eine Lappalie, ein Gang zur Bank und die Angelegenheit sei geregelt. Die Kollegen lachen, und Liliencron eilt zum Geldverleiher Levy. Der hat gerade ein gutes Geschäft gemacht, ist allerbester Stimmung und gewährt dem Herrn Baron eine größere Summe, als für den plötzlich aufgetauchten Wechsel benötigt wird. Als Ersatz für die nicht erhaltenen Brillanten kauft Liliencron der Gattin auf der Stelle einen schönen Hut und gönnt sich selbst im Restaurant am Dammtorbahnhof ein ganz vorzügliches Menü.

Kellner, die große Karte bitte.

Seit Tagen hat er aus Geldmangel fasten müssen, nun holt er Versäumtes nach: Mockturtlesuppe, Austern mit einer halben Flasche Rüdesheimer – Steinbutt – Hasenbraten mit einer halben Flasche Margaux - Roquefortkäse – Dessert, Curaçao – Kaffee, Zigarre der Edelsorte.

Einige Tische entfernt sitzt ein Herr verborgen hinter einer Zeitung. Als Liliencron die Zigarre zu zweieinhalb Silbergroschen anzündet, tritt der einsame Gast an seinen Tisch. Es ist der Prinz von Schoenaich-Carolath. Er habe bei dem offen–kundigen Genuss der Speisenfolge nicht stören wollen, entschuldigt er seine Zurückhaltung.

„Mein Gott", entfährt es dem ertappten Sünder, während er die teure Zigarre ausdrückt und eine tiefe Verbeugung macht.

Aus dieser Episode müsse unbedingt ein Lustspiel entstehen, nimmt sich Liliencron vor, hat auch sogleich den Titel „Wenn sich die Gelegenheit bietet" im Kopf. Die Komödie bleibt zwar ungeschrieben, stattdessen wird das Treffen in der Erzählung *Der Mäcen* verewigt. Kunstvoll ausgeschmückt, versteht sich.

* * *

Anfang Oktober 1880 ist auch die verlängerte Probezeit abgelaufen. Landrat von der Reck schätzt seinen so fleißig Gedichte schreibenden Untergebenen, mit dem sich geistreich plaudern lässt. Tüchtig sei er, und Ausdauer beweise er, schreibt er in die Beurteilung, doch leider fehle ihm „die praktische Ader, die Sachen sogleich von der richtigen Seite anzusehen". Da er mit allen Vorschriften vertraut sei, könne man ihm die Verwaltung einer Distriktstelle in einfachen

Verhältnissen anvertrauen. Vorerst möchte der Landrat den angenehmen Mitarbeiter gerne in seinem Amt behalten. Liliencron ist es recht, denn er ist jetzt schon fast gar nicht mehr preußischer Beamter, sondern angehender Dichter, nennt sich in dieser Eigenschaft auch immer häufiger Detlev statt Fritz oder Friedrich. An die 200 Gedichte hat er in Borby bereits geschrieben. Da die Redakteure von Zeitungen und Zeitschriften ihren Wert noch immer nicht erkennen können und nur selten etwas von dem Eingesandten veröffentlichen, lässt er beim Eckernförder Verleger J. C. Schwensen 163 Gedichte auf eigene Rechnung drucken. Darunter *Die Dorfkirche im Sommer*.

Schläfrig singt der Küster vor,
Schläfrig singt auch die Gemeinde.
Auf der Kanzel der Pastor
Betet still für seine Feinde.

Dann die Predigt, wunderbar,
Eine Predigt ohnegleichen.
Die Baronin weint sogar,
Im Gestühl, dem wappenreichen.

Amen, Segen, Türen weit,
Orgelton und letzter Psalter,
Durch die Sommerherrlichkeit
Schwirren Schwalben, flattern Falter.

Sein Geld erhält der Buchdrucker und Verleger allerdings erst nach mehreren Jahren. Ein ebenfalls ausgeliehenes Buch über die Geschichte des dänischen Reichs sieht er nie wieder.

Seitdem das Ehepaar getrennt lebt, verstehen sich die beiden ungleichen Partner wieder besser. Wenn er vier Tage lang keinen Brief aus Görlitz erhält, schickt Liliencron beunruhigt ein Telegramm und fragt nach den Gründen. Die eigenen Briefe sind aber nicht mehr so leidenschaftlich wie in Zeiten der Verlobung.

Was soll Helene auch antworten, wenn der Gatte anfragt, ob sie wisse, dass Schafe einen zahnlosen Oberkiefer haben? Er habe es beim Studium der Naturgeschichte der Haustiere gerade erst erfahren. Neben guten Ratschlägen schickt er zum Jahreswechsel 1880/81 auch kleine Geschenke: Einen Kuchen, Eingemachtes für die Bowle, Ingwerstäbchen und einmal mehr Kieler Sprotten. Ein anderes Geschenk macht er sich selbst. Als er in Hamburg den Vater besucht, kauft er auf einer Geflügelausstellung für einen stattlichen Betrag einen edlen Hahn mit dem Namen Saladin, dazu zwei Hennen.

Da er die Tiere nicht in Borby versorgen kann, gibt er sie in Hamburg in Pflege, hinterlässt die Nachricht, er werde sie abholen, sobald er mit der Gattin demnächst Haus und Garten besitze.

Hat Liliencron gerade noch Informationen über Tierzähne und beim Empfang nicht mehr ganz frische Sprotten nach Görlitz geschickt, folgen unter dem Datum vom 12. Juni 1881 detaillierte Auskünfte über seine literarischen Pläne.

„Ich habe manchen goldenen Pfeil im Köcher", meldet er und versichert, „noch gewaltige Balladen" vorzulegen, und er werde ganz bestimmt berühmt. „Nur ein Waschlappen, ein Vieh, ein moschusüberdufteter Ochse kann meine Kern- und Kraftsprache nicht verstehen." Mit keinem Geringeren als Goethe will er sich messen. Nicht mit Schiller, der könne nämlich keine Volksballaden schreiben.

Und eine „Schauerballade" dröhne ihm bereits „im Kopf". Es ist die dramatische Geschichte der Gräfin Agnes von Orlamünde, die den Grafen Albrecht von Hohenzollern derart heftig liebt, dass sie ihm ihre beiden Kinder opfert. Aus der Feder fließt ihm das Thema später unter dem Titel *Vier Augen sind im Wege*.

Seine schwankende Stimmung spiegelt sich in den Gedichten wider. Ist er gerade noch voller Melancholie durch Heide und Wald gewandert, gelingt ihm wenig später ein heiteres Meisterstück: Als er im Sommer 1881 für kurze Zeit in Flensburg stellvertretender Hardesvogt wird, marschiert unter seinem Fenster eine Militäkapelle vorbei. Noch am gleichen Tag entsteht das Gedicht *Die Musik kommt*.

Klingling, bumbum und tschingdada,
zieht im Triumph der Perser Schah?
Und um die Ecke brausend brichts
wie Tubaton des Weltgerichts,
voran die Schellenträger.

In den viel gelesenen *Fliegenden Blättern* werden die sieben Strophen abgedruckt. Die Obrigkeit ist nicht besonders begeistert darüber, dass ein zu Ernsthaftigkeit verpflichteter preußischer Beamter derart fröhliche Zeilen unter das Volk bringt.

Doch was schert das den nun fast schon berühmten Dichter Detlev von Liliencron. Denn nach Gedichten werden für klägliche Honorare nun auch bereits Geschichten veröffentlicht. Der Geheimrat Pindter von der in Berlin erscheinenden *Norddeutschen Allgemeinen Zeitung* teilt dem hochwohlgeborenen Einsender mit, dass die Redaktion gerne die eingereichte Novelette *Märztage auf dem Lande* akzeptiere. Liliencron schickt die Zusage sogleich an sein „liebes Gretchen", nennt den vorgesehenen Abdruck ein „Zeichen, dass ich wirkliches Talent habe", und unterschreibt mit „Dein ‚Dichter'", allerdings noch in Anführungszeichen.

Helene zollt Anerkennung, drängt den Gatten gleichzeitig, er möge an sein hauptberufliches Fortkommen denken und die noch immer nicht feste Anstellung mit ein wenig mehr Nachdruck anstreben. Hat er sich gerade über seine unwürdige Behandlung durch die preußische Regierung „unter Verabreichung von Hungergagen" beklagt, reagiert er auf die Mahnung aus Görlitz empfindlich: „Die Regierung kann sich unmöglich um das Geheul hysterischer Weiber kümmern und tut es Gott sei Dank nicht."

* * *

Diese elende Alltagsfron: Berechnung der durch einen Heidebrand entstandenen Schäden, Steuertabellen, Kontrolle der Polizeistunde. Welche Erleichterung, dass er endlich einmal wieder den Degen anschnallen und für sechs Wochen zu den Kameraden im bunten Waffenrock zurückkehren kann. Doch kaum ist er in Hamburg, folgt die Vorladung in die Bezirkskommandantur. Ein Gläubiger hat sich gemeldet. Wie so oft hilft Moritz Levy mit einem Kredit. Dem Geldverleiher gefällt der so sympathische, dichtende Leutnant, er bleibt davon überzeugt, sein Geld mit Zins und Zinseszins wiederzusehen.

Von einer Versetzung nach Blankenese hat Liliencron geträumt, sich einmal sogar offiziell beworben. Und nun steht im Herbst 1881 sein Schreibtisch im Landratsamt von Plön. Zugegeben, Stadtbild und Umgebung sind angenehm. Gleich zwei Seen, ein großer Park, das Schloss mit seiner Kadettenanstalt und den dort unterrichtenden Offizieren. In ihrem Kreis ist der dichtende, stets fröhliche Baron, der sich so wohltuend von den engstirnigen preußischen Beamten unterscheidet, jederzeit herzlich willkommen.

Zeugnisse aber stellen nicht die Spielkameraden, sondern Vorgesetzte aus. Nur drei Monate benötigt der Plöner Landrat von Brackel, um mit guter Menschenkenntnis ein anschauliches Bild von seinem neuen Mitarbeiter zu zeichnen. In seiner Beurteilung heißt es: „Der Premierlieutenant von Liliencron ist seinen Kenntnissen und Neigungen nach als ein Literat vom Fach zu bezeichnen. Derselbe hat eine sehr anerkennenswerte Gewandtheit im Gebrauch der Feder und zur Behandlung allgemeiner literarischer Gegenstände. Schreibt Novellen und huldigt der Dichtkunst. Eine besondere Neigung hat derselbe

für das Studium der Geschichte, besonders der Vaterländischen... In der Behandlung der Verwaltungsgeschäfte
besitzt derselbe dagegen bis jetzt nur eine geringe Übung.
Seine Arbeiten sind oberflächlich, ungeschäftlich und
wenig brauchbar, insbesondere fehlt ihm die Ausdauer...
Der Grund dafür liegt teils in der ihm eigenen Unruhe
und Hastigkeit, teils darin, dass er für die Verwaltungsgeschäfte nur wenig Neigung und Verständnis hat. Für eine
wichtigere Verwaltungsstelle halte ich ihn daher noch
nicht geeignet... Was seine Persönlichkeit im übrigen
anlangt, so ist er von guten Formen, bescheiden, höflich
und zuvorkommend, ein angenehmer und wegen seiner
literarischen und historischen Kenntnisse auch interessanter
Gesellschafter, der gewiss niemals Anlass zu persönlichen
Differenzen geben wird."

Liliencron kennt die Beurteilung nicht, sie hätte ihn
auch wohl eher amüsiert als gekränkt. Schließlich wird
er als Dichter anerkannt, und nur das ist ihm wichtig. Wenn er gerade an dem Drama über den dänischen
Herrscher Knut der Große arbeitet, müssen die Verwaltungsgeschäfte nun einmal in Eile und damit oberflächlich erledigt werden. Und wenn eigentlich ein Kataster angelegt werden sollte, dann greift er lieber zur
Feder und schickt seine Helene vierspännig mit Diener auf
dem Bock zu Hofe:

Viere lang,
Zum Empfang.
Vorne Jean,
Elegant,
Fährt meine süße Lady

Schilderhaus,
Wache raus.
Schloßportal,
Und im Saal
Steht meine süße Lady.

Sehr filigran illustriert, veröffentlichen die *Fliegenden Blätter* die sieben Strophen des *Handkuß*, und die Redaktion ermuntert den mittlerweile 38 Jahre alten Nachwuchsdichter zu weiteren Einsendungen. Wenn es der Verfasser erlaube, beim nächsten Mal sogar nicht mehr anonym?

AUF PELLWORM

Kein Hardesvogt will sterben und somit eine Stelle frei machen. Nicht einmal eine Vertretung wird benötigt. Wiederholt haben bereits angesehene Personen höheren Orts angefragt, ob für den doch so tüchtigen Freiherrn von Liliencron nicht bald eine Beförderung möglich sei.

Anfang März 1882 ist es endlich so weit. Liliencron wird zum Hardesvogt von Pellworm ernannt. Der Raddampfer *Pellworm II* bringt ihn von Husum an seinen neuen Arbeitsplatz. Als künftige Adresse gibt er an: „Pellworm – Insel im Atlantischen Ozean, gegenüber England, Nordkap gleich rechts". Pellworm mit den Halligen Südfall und Süderoog zählt 1500 Bewohner und ist Preußens kleinster Amtsbezirk. Bisher hatte der nach Amrum versetzte Amtsrichter die Aufgaben des obersten Verwaltungsbeamten ehrenamtlich übernommen. Liliencrons Vorgesetzter ist der Husumer Landrat, und der ist weit weg, vor allem im Winter, wenn der Schiffsverkehr manchmal über Wochen lahmgelegt ist. Ein wenig störend wirkt nur die seit einigen Jahren bestehende telegrafische Verbindung.

Voller Misstrauen betrachten die Inselbewohner zunächst den merkwürdigen Vertreter der Obrigkeit, der im Gasthof der Witwe Jensen in unmittelbarer Hafennähe einzieht. Ein Offizier, wie man am strammen Gang sieht und an der schnarrenden Stimme hört. Aber wenigstens lacht er viel und laut, trinkt und verträgt beträchtliche Mengen Grog. Geradezu erstaunlich schnell erlernt er auch das Plattdeutsche, kann nach kurzer Unterweisung bei seinen Dienstgängen mit dem Springstock die Wassergräben überqueren. Die größten Sympathien gewinnt er jedoch, als er die nach einer Messerstecherei verfügte Beschränkung des Tanzvergnügens in den Gaststätten aufhebt und zusätzlich sogar die beiden äußerst unbeliebten Gendarmen für überflüssig erklärt. Eine Entscheidung, die der Landrat nur mit allergrößten Bedenken billigt.

Über manche Eigenart des Hardesvogts wundern sich die an Eigenarten nicht gerade armen Insulaner nur mäßig. An Kaisers Geburtstag am 22. März, den hier keiner feiert, sehen sie ihn in Uniform auf den Deich steigen. Dort zieht er seinen Säbel, schwingt ihn dreimal über dem Helm und ruft mit seiner schneidend hellen Stimme dreimal in die steife Nordseebrise: „Es lebe der Kaiser". Bei der Jagd auf Seehunde und Austernfischer verschafft er sich durch seine Treffsicherheit mächtigen Respekt, der noch wächst, wenn er zu Pferde geschmeidig wie ein Kosak in gestrecktem Galopp über den Deich jagt.

Mit einer reichen und wunderhübschen Baronin soll der Hardesvogt vermählt sein, tuscheln aufgeregt die jungen Mädchen. Aber noch hat niemand die Gattin gesehen. Maria, die ansehnliche Tochter der Witwe Jensen, vertritt sie zunächst erst einmal.

Aber die Baronin hat ihr Kommen angesagt. Da ist es besser, zur Vertreterin zumindest räumliche Distanz zu schaffen. Außerdem ist die Wohnung in der Gaststätte am Hafen wirklich nicht allzu bequem, zumal sie gleichzeitig als Amtsstube genutzt werden muss.

Am 15. Juli, dreieinhalb Monate nach seiner Ankunft, zieht Liliencron auf die in der Inselmitte gelegene Muhl-Warf um. Über drei Räume verfügt er hier, vom Schreibtisch blickt er auf den Garten. Mitte Juli kommt der Besuch aus Görlitz. Helene ist zunächst entzückt, jedenfalls von der Umgegebung. Gemeinsam unternimmt man lange Wanderungen, von seinem Vertrauten Friedrich Martensen borgt er sich hundert Mark und verkündet am Tag darauf: „Wi hemm'n bannig vergnögten Abend hatt, ich und die Baronin". Acht Wochen später bittet er Martensen: „Kannst du nicht der Baronin raten, daß sie abreist – die Luft ist doch zu schlecht und ungesund für sie".

Am 15. September befolgt Helene den Rat. Sie hat alles gesehen: Ebbe und Flut, Schafe, aufgeweichte Wege, Kirchen, Gaststätten, Bauern, die mit vier oder gar sechs Pferden den schweren Boden pflügen, auch die für die Bohnenernte vom Festland angereisten Tagelöhner. Sie hat bei der Ausbesserung von Deichen zugesehen, fand keinen Gefallen an der Vogeljagd, ließ sich über viele Stunden frisch entstandene Gedichte vorlesen. Sie hätte nie geahnt, dass es derart viele Möglichkeiten für das Zustandebringen von Versen gibt.

Zwei Tage, nachdem Helene abgereist ist, schickt ihr der Gatte einen Brief hinterher: „Ich freue mich, dass Du nun wieder erlöst bist und wieder im alten Gange bist bei Deinen Lieben. Diesmal dauerte die böse Zeit ja auch nur wenige Wochen."

Drei Wochen später urteilt er gnädiger: „Es war doch, mit zwei Scenen Ausnahme, unsere Zeit hier für mich eine ganz reizende. Wenn auch nicht für Dich". Wieder wird die private Erfahrung zu Literatur verarbeitet. In der Strandräuber-Novelle *Die Könige von Norderoog und Süderoog* kann Anna Taddesen das Leben auf der einsamen Hallig an der Seite des eigenen Mannes nicht ertragen und flüchtet mit ihrem Liebhaber.

* * *

Weihnachtsfest und Jahreswechsel pflegt Liliencron bei seinem Vater in Hamburg zu verleben. Er kommt diesmal als Hauptmann der Reserve. Wie lange hat er auf diese Beförderung gewartet. Der Titel ist ihm aus Anlass der Geburt des ersten Sohnes des künftigen Kaisers Wilhelm II. verliehen worden. Als er im Januar 1883 nach Pellworm zurückkehrt, schreibt er an Helene: „Nie ist mir der Scheisdienst so ekelhaft gewesen als diesmal…. Wann werd ich hier erlöst." Klaus Groth dagegen teilt er mit: „Ich für meine Person lebe gerne hier". Er habe die Herzen der Pellwormer gewonnen, und er fühle sich zunehmend wohler unter ihnen. „Wenn nur eins nicht wäre, das fürchterliche Supen. Ich kann als alter Soldat tüchtig den Humpen stürzen – aber hier komme ich nicht mit."

Zutreffend ist seine dritte Aussage: „Der eigentliche Dichter kam erst 1882-83 in Pellworm zum Vorschein." Mindestens ein halbes Dutzend Novellen hat er auf der Insel geschrieben, dazu zahlreiche Gedichte, darunter *Trutz Blanke Hans*.

Heut bin ich über Rungholt gefahren,
Die Stadt ging unter vor sechshundert Jahren.
Noch schlagen die Wellen da wild und empört,
Wie damals, als sie die Marschen zerstört.
Die Maschine des Dampfers schütterte, stöhnte,
Aus den Wassern rief es unheimlich und höhnte:
Trutz, Blanke Hans…

Auf der Reise von Husum nach Pellworm wird er zu der
Ballade inspiriert, er glaubt wirklich, dass der Dampfer über
die 500 Jahre zuvor bei der Großen Mandränke versunkene
Ortschaft Rungholt fährt.

Und hat er gerade noch von der goldenen Stadt auf dem
Meeresgrund geträumt, erwartet ihn am Schreibtisch die
ungeliebte Pflicht. Der Vorsitzende des Kirchenvorstandes,
Pastor Dührkop, hat eine Beschwerde eingereicht. Der
Kirchhof werde von Schafen und Gänsen als Weideplatz
genutzt. Dieser Entweihung möge der königliche Hardesvogt umgehend ein Ende bereiten. Bereits drei Tage später erlässt der Hardesvogt die Bekanntmachung: „Es wird
hiermit untersagt, Vieh jeglicher Art auf dem Kirchhofe der
Alten Kirche weiden zu lassen. Zuwiderhandlungen werden
unnachsichtlich nach § 369, Abs. 9 des D. Str. Buches bestraft
werden." Den gesamten Text hat der Hardesvogt eigenhändig geschrieben.

Liliencron liebt Pellworm, und gleichzeitig hasst er die
Insel. Zweimal bewirbt er sich um eine andere Verwendung.
Kirchspielvogt in Meldorf möchte er werden: abgelehnt.
Bitte Kirchspielvogt in Gravenstein: wieder abgelehnt. Also

vollzieht er weiterhin standesamtliche Trauungen, eilt in seiner Eigenschaft als Strandhauptmann zur Bergung von angetriebenen Leichen, muss entscheiden, ob ein Treibgut in den Besitz des Staates fällt oder Beute des Strandläufers bleibt. Nach der Rückkehr an den Schreibtisch notiert er: „Insel Schafschafschaf, scheussliches Eiland, schändliche Insel, Insel Schlafdunichtein, vermaledeite Insel."

Kaum hat Helene nach ihrem ersten Besuch Pellworm verlassen, zieht er wieder zu ihrer Vertreterin in den Gasthof Jensen. Als Helene im Juni 1883 noch einmal anreist, hat er erneut die Wohnung auf der Muhl-Warf angemietet. Der Gast aus Görlitz bleibt auf den Tag genau so lange, wie beim ersten Besuch im Jahr zuvor. Und die Stimmung ist ähnlich gereizt.

Mit Verwunderung beobachten die Insulaner das seltsame Paar. Am Abend sitzt der Hardesvogt in der Gastwirtschaft am Klavier und die Gattin tanzt mit dem Pastor Polka, an die Honoratioren ergehen handgeschriebene Billetts, auf denen „die Baronin und der Baron von Liliencron sich die Ehre geben, am morgigen Sonnabend Nachmittag 4 Uhr zur Chocolade einzuladen."

Geregelte Dienststunden gibt es nicht. Häufig erhalten Ratsuchende die Auskunft, sie mögen sich an den Landschaftssekretär Lorenzen wenden. Liliencron ist dann wieder einmal in die Rolle des Dichters geschlüpft und schreibt. Etwa an seinem wenig erfolgreichen Drama *Knut der Herr*, das er schon in Plön begonnen hat und auf Pellworm in aller Eile beendet. Manchmal liest er Helene am Abend die gerade fertig gestellten Passagen voller Begeisterung vor. Sie empfindet die Dialoge unnatürlich und ermüdend, woraufhin der Dichter mehrere Tage lang gekränkt ist. Trotzdem schreibt er an dem düsteren Historien-Stück aus dem 12. Jahrhundert unbeirrt weiter.

Am 15. September 1883, und damit am gleichen Tag wie im Vorjahr, verlässt Helene Pellworm. Liliencron weiß zu diesem Zeitpunkt bereits, dass auch seine Tage auf der Insel gezählt sind.

* * *

Nach anfänglichen Irritationen ist der Husumer Landrat Graf Ludwig von Reventlow mit seinem Pellwormer Hardesvogt inzwischen recht zufrieden. An einige Merkwürdigkeiten in seinem Verhalten hat er sich gewöhnt, an den Gedichten, die ihm vorgelegt worden sind, hat er nichts auszusetzen. Es heißt aber auch, der Baron widme immer mehr Zeit dem Schreiben, verfasse mittlerweile Geschichten und Theaterstücke. Noch ist über deren Inhalt nichts Nachteiliges bekannt geworden. Doch man kennt die Dichter. Wer weiß, was sich in der Abgeschiedenheit auf Pellworm zusammenbraut. Und eigentlich benötigt die Insel auch gar keinen Hardesvogt.

Zweimal schon hat der Landrat Versetzungsgesuche seines Pellwormer Statthalters abgelehnt, weil er nach nur kurzem Aufenthalt keine personellen Veränderungen wünschte. Nach fast zwei Jahren scheint ihm ein Wechsel angebracht. Dem Schleswiger Regierungspräsidenten teilt er daraufhin mit, dass sich die vom Plöner Kollegen noch bemängelten

Leistungen des Barons von Liliencron deutlich verbessert hätten und eine Verwendung an höherer Stelle empfohlen werden könne. Der Regierungspräsident erinnert sich daran, dass mehrfach Anfragen zugunsten des offenbar recht bekannten Barons von Liliencron eingegangen sind. Nachdem er jetzt zusätzlich eine wohlwollende Beurteilung des unmittelbaren Vorgesetzten erhalten hat, spricht er sich dafür aus, dem gegenwärtigen Hardesvogt die etwas höherwertige Verantwortung für die Kirchspielvogtei von Kellinghusen anzubieten.

Da derart wichtige personelle Entscheidungen in Berlin fallen, fordert er Liliencron auf, sich direkt an den preußischen Innenminister zu wenden. Anfang Oktober 1883 reist der dichtende Beamte nach Berlin und wird vom Minister Robert von Puttkamer zum Gespräch empfangen. Normalerweise führt der Minister keine Gespräche mit Bewerbern um Ämter der unteren Verwaltungsebene. Aber Alberta von Puttkamer, ebenfalls dichtende Gattin des verwandtschaftlich verbundenen Kollegen Staatssekretärs, hat erfolgreich für das Treffen geworben. Einen tadellosen Eindruck habe der Baron hinterlassen, heißt es nach dem Gespräch. Und am 14. September 1883 kann der Regierungspräsident dem Hardesvogt die gute Nachricht übermitteln, dass er mit Wirkung zum 1. Oktober zum Kellinghusener Kirchspielvogt ernannt sei. Am 29. September verlässt Liliencron die Insel.

Mit seinem Gehalt und der Pension stehen ihm monatlich 300 Mark zur Verfügung. Das ist ein Betrag, mit dem sich gut leben ließe. Doch der größte Teil wird für Zinszahlungen gepfändet. „...ich habe keinen Tropfen Geld, meine Lage ist eine entsetzliche", schreibt er der gerade zum zweiten Mal abgereisten Gattin.

Sogar von seinen engsten Mitarbeitern hat er sich Kredite geben lassen. Vom Gemeindevorsteher Clausen und vom Sekretär Lorenzen, die ihm so viel Arbeit abgenommen haben. Beide kommen nicht zu seiner Verabschiedung und gehen später gerichtlich gegen ihn vor.

Liliencron weiß, dass er sich unredlich verhalten hat, und erleichtert sein schlechtes Gewissen in einem Brief an den Schriftsteller Konrad von Prittwitz. „Die Menschen auf dieser Insel, bei denen Treu und Glauben und tiefreligiöser Sinn herrscht, kennen unter sich nichts Anderes, namentlich auch in Geldsachen als: Bis zu dem und dem hast du es, und dann ist es da. Seit 22 Jahren ist keine Geldklage, keine Pfändung hier vorgekommen. Nun ist ihr erster Beamter derjenige, der ihnen Geld, das sie ihm gerne vorgestreckt, schuldig bleibt. Das ist für sie ein unfassbarer – für mich ganz unerträglicher Gedanke...“

Zu den erfreulichen Erinnerungen an Pellworm gehört der hier geglückte Wechsel ins literarische Berufsleben. Zwei Tage, nachdem er die Insel verlassen hat, erscheint am 1. Oktober 1883 sein erstes Buch. Die Gedichtsammlung trägt den Titel *Adjutantenritte*. Der Leipziger Verleger Wilhelm Friedrich hat die Publikation gewagt, verspricht, „die Gedichte energisch im Buchhandel zu vertreiben", und veröffentlicht in dem von ihm herausgegebenen *Magazin für Literatur* einen Artikel, in dem es heißt: „Ich rede mir ein, einen Dichter entdeckt zu haben. Er heißt Detlev von Liliencron, und ich bitte, sich diesen schönklingenden alten Namen einzuprägen, denn über kurz oder lang steht er doch in den Literaturgeschichten". Honorar ist für den Band mit 79 Gedichten und der Titelgeschichte nicht vorgesehen.

Liliencron, der fortan endgültig seinen Künstlernamen Detlev benutzt, reagiert kühl auf das Angebot des Verlegers. Mit der Veröffentlichung seiner Lyrik ist er zwar einverstanden, nennt jedoch Bedingungen. Er wünscht Schwabacher Lettern und Büttenpapier. Auf keinen Fall Goldschnitt. Vor dem Erscheinen seiner Gedichte möchte er sie dem Kollegen Theodor Storm zur Begutachtung vorlegen. Ach ja, der Verlag möge ihm bitte ein Exemplar von Fontanes Erzählung *Schach von Wuthenow* schicken.

Damit ist das Kapitel Pellworm nach 19 Monaten, unterbrochen von zweieinhalb Monaten Abwesenheit, endgültig abgeschlossen. Liliencron hat die Insel nie wieder betreten.

IN KELLINGHUSEN

Nach Husum, das Liliencron „Viehstadt" nennt, bringt ihn wieder der Raddampfer *Pellworm II.* Von dort reist er nach Kellinghusen, das nicht einmal einen Bahnhof hat. Nichts überrascht ihn hier, er kennt sich schließlich aus. Im Gasthof *Stadt Hamburg* nimmt er ein Zimmer. Soll das eine Beförderung sein? Dieses „Wüstenhamme"?

Mit 1700 Köpfen betreut er weniger „Untertanen" als auf Pellworm. Er ist zuständig für sechs Dörfer, aber nicht für den Flecken Kellinghusen. Zu seinen Aufgaben gehört es, Geburten und Sterbefälle zu registrieren, die Polizeibeamten zu beaufsichtigen und bei geringfügigen Strafsachen als Staatsanwalt aufzutreten. Sein Jahresgehalt beträgt 4060 Mark. Das ist doppelt soviel wie das Einkommen des Pastors. Da noch Zahlungen für die Kriegsverletzungen hinzukommen, könnte seine finanzielle Lage erstmals ausgezeichnet sein. Gäbe es nicht die Schulden.

Im Gegensatz zu Pellworm hat Liliencron in Kellinghusen ein Dienstzimmer außerhalb der Wohnung. Am 1. Oktober 1883 übergibt ihm sein Amtsvorgänger das Inventar. Darunter befinden sich: ein großer Schreibtisch (unbrauchbar und zusammengefallen), eine Tischplatte mit Fuß (unbrauchbar), ein Trockenstempel, blechernes Schreibgeschirr, ein Archiv–schrank mit Akten, eine eiserne Geldkiste, Briefmarken im Wert von 36,30 Mark, ein Kasten mit 549,46 Mark aus der Stiftung des Apothekers Schübeler, bestimmt für Schulbücher an arme Kinder und Bibeln für Brautpaare. Liliencron bestätigt durch Unterschrift den ordnungsgemäßen Empfang.

Mit bald 40 Jahren ist er endgültig preußischer Beamter mit Pensionsanspruch und gegen Krankheit versichert. Noch wohnt er als Strohwitwer gleich neben dem Büro, für das Frühjahr hat er ein Haus gemietet, denn Helene soll endlich zu ihm ziehen. Zurzeit lebt sie in Hamburg, ist damit nahe und fern zugleich.

Hatte er nicht der dichtenden Kollegin Margarethe Stolterfoth erst kurze Zeit zuvor unaufgefordert den Rat erteilt: „Heiraten Sie niemals einen Dichter. Ein Dichter – ein wahrer, echter – ich glaube kaum, dass er eine Frau glücklich machen kann."

Als biederen Hausvater kann man sich den Ratgeber in seinem neuen Amt allerdings nicht vorstellen. Bei 2200 Einwohnern hat der Ort 40 Gaststätten. Drei bevorzugt der Kirchspielvogt. Das Mittagsmahl pflegt er im Gasthof *Stadt Hamburg* einzunehmen, wo die Bachforelle mit Butter und Petersilie 3,50 Mark und die frische Krebssuppe eine Mark kosten. Den besten Platz für einen anschließenden Kaffee oder ein Bier aus der örtlichen Brauerei bietet an warmen Tagen die Terrasse der *Tonhalle*. Für das Abendbrot empfiehlt sich das *Schwarze Ross*, wo sich nach dem Essen eine gesellige Runde bildet. Zuweilen mit einem riskanten Gast, den Liliencron als Gesprächspartner schätzt.

Hermann Molkenbuhr ist beim Zigarrenfabrikanten Köhncke beschäftigt. Er ist bekennender Sozialdemokrat, kämpft für mehr Rechte der Arbeiter und fällt damit unter das Bismarcksche Sozialistengesetz. Spricht er auf einer Versammlung, fertigt die Polizei ein Protokoll an, mehrfach wird seine Wohnung nach verbotenen Druckwerken durchsucht. Der Itzehoer Landrat von Harbou verlangt vom Kellinghusener Bürgermeister eine Liste der Personen, die mit dem politischen Agitator Kontakt haben. Liliencron wird nicht genannt. Das ungleiche Paar, der eine Sozialist, der andere Royalist, einigt sich darauf, nicht über Politik, sondern nur über Literatur zu sprechen. Molkenbuhr ist ein vorzüglicher Goethe-Kenner, wird später Reichstagsabgeordneter. Als Liliencron stirbt, schreibt er in sein Tagebuch: „Den lieben Gesellschafter aus Kellinghusen konnte ich mir immer nur als lebenslustigen, übermütigen Herrn vorstellen... Die Plauderstunden waren schön und gehörten zu den angenehmsten Erinnerungen."

Liliencron ahnt nicht, dass auch seine Wirtschafterin Wilhelmine Kähler einmal Karriere in der Politik machen soll. Sie engagiert sich für die Rechte der Frauen, vertritt die SPD erst in der Weimarer Nationalversammlung, anschließend im Reichstag. Der neue Kirchspielvogt übernimmt sie von seinem Amtsvorgänger, verdoppelt sogleich ihr Gehalt, vergisst allerdings die rechtzeitige Auszahlung. Als Ausgleich erhält Wilhelmine Kähler die Erlaubnis, alle Bücher seiner Bibliothek zu lesen.

Ob er will oder nicht: Liliencron gehört zu den Honoratioren des Ortes, der sieben Jahre zuvor den Titel Stadt erhalten hat. Er wird Mitglied des Schützenvereins, trifft sich mit dem Lehrer, dem Postmeister, dem Amtsrichter, dem Herausgeber des *Stör-Boten*. Im Mai 1884 lädt ihn der Augenarzt Julius Mannhardt zu einem Gesellschaftsabend, und Theodor Storm ist sein Tischnachbar. Man kennt sich bereits durch den Austausch von Briefen. Liliencron hat die *Adjutantenritte* an den verehrten Kollegen nach Hademarschen geschickt und mit dem Dank die Antwort erhalten, „… ein Dichter von Haus aus sind Sie nach meiner Überzeugung". Beim Abschied vereinbart man, sich unbedingt wieder treffen zu müssen. Doch es kommt im Sommer nur zu einer zufälligen Begegnung in Schleswig.

Verkehrt er eben noch in gehobener Gesellschaft, sucht er im nächsten Augenblick ganz anderen Umgang und sorgt für Verwunderung. Im Schutz des Waldes haben sich Zigeuner und allerlei fahrendes Volk niedergelassen. Hier tanzen und singen sie, und der Kirchspielvogt tanzt und singt mit ihnen. Zwar müht er sich, doch es will ihm einfach nicht gelingen, mit ganzer Seele pensionsberechtigter preußischer Beamter zu werden. Verschickt er einen nicht ganz offiziellen Brief, unterschreibt er mit „Liliencron, Polizist, Düngerhaufeninspektor, Leierkastenaufpasser und Dichter".

Dichter ist er tatsächlich oft genug auch während der Dienstzeit. Gerade hat er die Klage der Frau Müller angehört, auf deren Gartenhecke eine Nachbarin die Nachtmütze zum Trocknen gelegt hat, schreibt er nun an der Novelle *Greggert Meinstorff* und muss die Arbeit an der tragischen Liebesgeschichte des königlichen Statthalters für die nordfriesischen Inseln schon wieder abbrechen, weil eine Frau zu verhören ist, die Aale und Äpfel gestohlen haben soll. „Ach, dieser Pflichtpflug", stöhnt er.

* * *

Ist er wirklich vollkommen ahnungslos? Es hat den Anschein. Schließlich hat er für 500 Mark das Haus in der Lehmbergstraße angemietet, sogar schon einige Möbelstücke gekauft. In Kürze wird die Baronin erwartet. Wahre Wunderdinge hat der Kirchspielvogt über die Gattin verbreitet. Stolz und schön und liebenswürdig sei sie.

Und nun, Ende Januar 1884, teilt die mittlerweile fast 30-jährige Helene von Bodenhausen, 13 Jahre nach der ersten heimlichen Verlobung und fünf Jahre und vier Monate nach der Hochzeit dem Gatten mit, dass sie die Scheidung wünsche. Zu unterschiedlich sei man im Temperament, zu viele Szenen habe es gegeben, so hoch sei nach wie vor der Schuldenberg, dass man kaum den Himmel sehen könne.

Seine verzweifelte Antwort schickt der Düpierte nicht an die Gattin, sondern an die Schwiegermutter. „Das ist ja fürchterlich! Das ist ja entsetzlich… Bin ich denn tot oder ein Karneval?"

Bis an sein Grab werde er die Geliebte anbeten, wenn sie nur nicht so herrschsüchtig und jähzornig wäre. Er werde der Scheidung nicht zustimmen, es sei denn, ein guter Engel finde jemanden, der Geld habe. Das Porzellan schicke er schon in der nächsten Woche, alles andere erst nach der Scheidung. Und wie kann er die schlimme Nachricht seinen

Mitbürgern übermitteln? Und was soll mit den Möbeln geschehen? Oder ist alles nur ein Fastnachtsscherz?

Die Wogen der Erregung gehen hoch, glätten sich aber auch schnell. Gerade hat ein gewisser Peter Sauerampfer, hinter dem sich Liliencron verbirgt, im örtlichen *Stör-Boten* das Gedicht *Frühling* veröffentlicht, da kehrt der Kirchspielvogt von einem Besuch beim Vater in Hamburg mit einer sehr jungen und sehr hübschen Haushälterin zurück. Augusta Brandt zählt 17 Jahre, ihre Mutter betreibt auf St. Pauli ein Lokal. Trotzdem spricht Liliencron von „meiner kleinen Gräfin".

Mögen die Leute in „Wüstenhamme" doch reden. In die „zierliche, schlanke" Fatinga verwandelt Liliencron seine neue Liebe in der schwermütigen Novelle Die *Mergelgrube*, gibt vor, nicht zu wissen, wie er sie kennen gelernt habe und ob sie die Tochter eines Nachtwächters oder eines Gefängniswärters sei.

Zunächst ist Augusta erst einmal seine Muse und beflügelt seine Schaffenskraft als Dichter, und als sich auch noch Theodor Storm geradezu begeistert über die ihm zur Beurteilung übersandte Novelle *Aus einer kleinen Stadt* äußert – „Sie haben den Punkt, lieber Baron, … auf den Punkt kommt es beim Dichten an" –, da erscheint ihm die Arbeit am „Pflichtpflug" noch lästiger als zuvor. Daher will er lästigen Ballast abwerfen und zugleich einen Vorschlag zur Reform der Verwaltung machen.

Es wäre doch sinnvoll, so teilt er seinem Landrat mit, wenn man die beiden Standesämter von Kellinghusen Stadt und Land vereinigen würde. Die Kundschaft müsste nur wenige

Schritte mehr auf sich nehmen und er, der königliche Kirchspielvogt, müsste nicht eine dreiviertel Stunde für einen Sterbefall, jeweils eine viertel Stunde für Geburten und eine halbe Stunde für Trauungen vergeuden. Da er über keinen Schreiber verfüge, müsse er alle Eintragungen mit eigener Hand vornehmen. Und damit der Landrat sieht, wie schlecht seine Handschrift ist, legt er dem Gesuch auf zwei Blatt eine Schriftprobe bei.

Abgelehnt vom Bürgermeister und abgelehnt vom Landrat. Abgewendet ist damit auch eine Verringerung des Jahresgehalts um 250 Mark.

Vierzehn Tage später macht der Kirchspielvogt einen neuen Vorschlag zur eigenen Arbeitserleichterung. Er bittet um die Entbindung vom Posten des Amtsanwalts, was ihn 190 Mark Gehalt kosten würde. Dabei hat er in seiner Eigenschaft als Staatsanwalt den Rechtsanwalt und Schriftsteller Timm Kröger kennen und schätzen gelernt. Über Jahre hilft man sich gegenseitig. Der eine mit Geld, der andere mit Kontakten zur literarischen Welt.

Diesmal ruft die erneute Eingabe höheren Orts Unwillen hervor. Die königliche Regierung, Abteilung des Inneren, teilt dem Itzehoer Landrat mit, die Klagen des Kirchspielvogts Freiherr von Liliencron über zu viel Arbeit seien unberechtigt. Wenn er seine geschäftlichen Verpflichtungen nicht allein erfüllen könne, dann möge er sich eine Schreibkraft anschaffen. Dazu sei die gezahlte Aufwandsentschädigung schließlich gedacht.

Liliencron antwortet, er nehme die ablehnende Entscheidung erst einmal hin, behalte sich aber vor, bei „etwaigen

Unannehmlichkeiten" erneut seine Entlassung als Amtsanwalt oder Standesbeamter zu beantragen.

Dieser gereizte Briefwechsel findet im Februar 1885 statt. Es folgen bald noch viel unerfreulichere Schreiben.

Im April ist die Scheidung vollzogen, wenigstens ohne Kosten, da es die Ehefrau war, die ihn verlassen hat.

Am 3. Juni, es ist Liliencrons 42. Geburtstag, lässt der fast schon vergessene Pellwormer Gemeindevorsteher Clausen von sich hören. Ihm schuldet sein ehemaliger Hardesvogt noch immer 300 Mark, die inzwischen durch Zinsen auf 355 Mark angewachsen sind. Auf Antrag des Gläubigers spricht das Amtsgericht Kellinghusen gegen den dortselbst als Staatsanwalt tätigen Kirchspielvogt die Zwangsvollstreckung aus. Der Beschluss geht auch an die Königliche Regierung in Berlin, deren Innere Abteilung die Regierungshauptkasse anweist, das nächste Gehalt des Schuldners um besagte 355 Mark zu verringern.

Ein in dieser Form noch nie dagewesener und damit äußerst peinlicher Vorgang ist das. Erst – bei noch nicht vollzogener Scheidung – der sündhaft teure Einzug der sehr jungen und sehr attraktiven Haushälterin, und jetzt ein Urteil gegen den Amtsanwalt. Was wohl als nächstes zu erwarten ist?

Es ist ein erneuter Brief der Königlichen Regierung, gerichtet an den wegen der ständigen Unruhe in Kellinghusen ohnehin verärgerten Landrat von Harbou. Das Schreiben enthält die Aufforderung, den Kirchspielvogt zu veranlassen, seine Schulden offen zu legen und zu erläutern, wie er sie abzubauen gedenke. Statt genaue Angaben zu machen, antwortet Liliencron vage. Alles sei lange her, etwa

8000 Mark müsse er noch abtragen, in vier Jahren wäre das zu erledigen. Der Landrat schickt die ungenaue Auskunft an die Regierung, und die ist erwartungsgemäß unzufrieden. Sie schreibt direkt an Liliencron und fordert ihn mit deutlichen Worten auf, „eine erschöpfende Specifikation" seiner Schulden vorzulegen, die Namen aller Gläubiger zu nennen und genauestens anzugeben, zu welchen Terminen und aus welchen Quellen die Verbindlichkeiten beglichen werden sollen. Innerhalb von 14 Tagen erwarte man die Antwort.

Es ist jetzt Juli, und Liliencron bittet um Verlängerung der Frist, aus seiner schriftstellerischen Tätigkeit seien nämlich demnächst beträchtliche Einnahmen zu erwarten. Das erhoffte Geld bleibt zwar aus, aber die Regierung gewährt einen weiteren Aufschub.

Die letzte Frist läuft am 1. Dezember 1885 aus, und wenige Tage vorher bittet Liliencron die Königliche Regierung, ihm „ehrerbietigst und hochgeneigtest bis zum 1. künftigen Monats den Abschied zu geben". Nicht „Trotz und Eigensinn, nicht kindisches und kleinliches Denken" hätten ihn zu seinem Antrag veranlasst. Große Schulden bei zwei oder drei Gläubigern hätte er ohne zu Zögern der hohen Behörde mitgeteilt. Aber eine Liste mit den Namen von Hinz und Kunz, die möchte er nicht aufstellen, weil sie Heiterkeit vom höchsten Präsidenten bis zum jüngsten Schreiber hervorrufen würde. Um das zu ertragen, sei er zu alt und zu ernst, stehe außerdem derzeit im schweren Lebenskampf.

Die Regierung gibt dem Ersuch auf Entlassung unverzüglich nach. Am 31. Dezember 1885 ist Detlev von Liliencron nicht mehr pensionsberechtigter preußischer Beamter, sondern hauptberuflicher Dichter. Vergeblich hatte ihn selbst Theodor Storm davor gewarnt, seinen Brotberuf aufzugeben. Dass der Verzicht tatsächlich ein Fehler war, zeigte sich zwei Jahre später, als alle holsteinischen Kirchspielvögte in den Ruhestand geschickt wurden. Bei Zahlung des vollen Gehalts für die Dauer von fünf Jahren. Der Abschied aus dem Staatsdienst sei wohl sein schwerster Fehler gewesen, erkennt auch Liliencron, als es viel zu spät ist.

* * *

Soll er in Kellinghusen bleiben oder „Wüstenhamme", das „infame Nestchen", endgültig verlassen? Aber wohin sollte er flüchten? Schließlich nennen ihn auch nicht alle „Schuldenbaron", meiden wie die Honoratioren seine Nähe. Zu denjenigen, die ihm treu geblieben sind, gehört der Restaurantbesitzer Julius Delfs, der ihm einen Liebesdienst erweist: Als Gläubiger die Zwangsversteigerung der Wohnungseinrichtung einschließlich Bibliothek erwirken, kauft sie der Gastwirt und stellt ihm die Bücher und einige Möbelstücke gegen eine monatliche Gebühr von fünf Mark zur Verfügung.

Wohlwollend behandelt ihn auch der Redakteur des örtlichen *Stör-Boten*. Die Zeitung druckt nicht nur Gedichte ab, sondern hat auch die lange Rezension veröffentlicht, in der Klaus Groth das Buch *Adjutantenritte und andere Gedichte* lobt, wenngleich nicht uneingeschränkt. Über das Drama *Knut der Herr* meldet der *Stör-Bote*, es habe seine

Feuerprobe am Hoftheater in Altenburg bestanden. In Wahrheit fand die schon auf Pellworm fertig gestellte fünfaktige Tragödie nur wenig Zuspruch.

Als das Stück am 27. Oktober 1885 uraufgeführt wird, ist Liliencron noch Beamter. Seine verzweifelte finanzielle Lage, aber auch Bemühungen, den am nächsten Tag anstehenden Offenbarungseid abzuwenden, verhindern seine Teilnahme an der Premiere. Für die Nachwelt hat er aufgeschrieben, wie es gewesen sein könnte, an jenem Abend, an dem er umjubelt in der Loge des Theaters hätte sitzen sollen: „Ich ging, bei starkem Unwetter, um sieben Uhr abends zu dem vor der Stadt wohnenden Gerichtsvollzieher... Ehe ich sein Haus erreichte, geriet ich in der Dunkelheit in eine Dornenhecke und zerriß mir Gesicht und Hände, während im selben Augenblick Hunderte von Menschen ihre Operngläser auf die Bühne richteten, wo mein Stück gegeben wurde, arbeitete ich mich, aus Hunger und Schwäche kaum mehr leben könnend, mit Anstrengung aus den Dornen heraus. Blutend traf ich beim Exekutor ein... Als ich wegging von ihm, entlieh ich drei Mark. Er war der Einzige, der mir in jener Zeit Geld vorschoß: Ein strenger Gerichtsvollzieher einem deutschen Dichter. Mit den drei Mark wusste ich, was ich ausführen wollte: mich sinnlos betrinken..."

Nicht nur der Gerichtsvollzieher zeigt sich gnädig, auch der Gastwirt Delfs leiht immer wieder kleine Beträge: 32 Mark, 20 Mark, 18 Mark, 50 Mark. Innerhalb von elf Tagen sind auf diese Weise 120 Mark neue Schulden entstanden.

„Welch ein beneidenswertes Leben" führe im Vergleich zu ihm, dem Dichter, „ein Ziegenmelker oder Wagenschmierer", klagt er Hermann Friedrichs, dem Schriftsteller und Redakteur des *Magazins für die Literatur des In- und Auslands*. Ihm schildert er auch den Zustand seines neuen Wohnsitzes in der Bahnhofstraße. Er nennt das Haus Villa „Hungerwehrdich", die Kellinghusener sprechen von der „Schuldenburg". Der Umzug im September 1885 war notwendig, weil der Kirchspielvogt die Miete für die Dienstwohnung nicht mehr aufbringen kann.

Das verwunschene, unter hohen Bäumen liegende Haus passt zu seinem neuen Bewohner, denn erbaut hat es ein alter französischer Seiltänzer. Keiner weiß, was ihn ausgerechnet nach Kellinghusen verschlug. Eines Tages fand man ihn tot auf, anschließend stand das Gebäude lange leer, eine örtliche Bäuerin kaufte es schließlich, mochte aber nicht einziehen und vermietete an Liliencron.

Unermessliche Fuder von Schmutz seien hinausgekarrt worden, berichtet der neue Mieter, monatelang hätten die Handwerker herumgewirtschaftet. Und nun sei er endlich eingezogen, fühle sich „ungeheuer glücklich"; denn sein Arbeitszimmer sei prächtig und „still wie eine Leichenkammer". Das neue alte Haus spornt seinen Arbeitseifer an. Noch muss er zwar als Kirchspielvogt den „Pflichtpflug" ziehen, doch nicht mehr lange. Jeden Tag „verbreche ich ein bis zwei Gedichte".

Noch eifriger schreibt er Briefe. Im Herbst 1884 fand er mit dem Breslauer Kaufmann und Schriftsteller Theobald Nöthig einen neuen Partner, der ebenfalls als Leutnant in den Kriegen gegen Österreich und Frankreich gekämpft hatte. Man hat also Gemeinsamkeiten.

Dem „geehrten, lieben Kameraden" öffnet Liliencron schnell sein Herz. Zunächst tauscht man Erinnerungen an kriegerische Zeiten aus.

„Erinnern Sie die Kanonade von Gradlitz? Bei Skalitz hatte ein österreichischer Jäger-Offizier die Liebenswürdigkeit, mir den Unterleib zu kitzeln... Wir haben also unter Steinmetz zusammen bei Nachod und Skalitz gefochten, wo Leutnant von Heinrich den bekannten Schrapnellschuß erhielt."

Man schickt sich gegenseitig Fotografien und Gedichte, wechselt überschwänglich Lob, klagt sein persönliches Leid und spendet Trost. Nöthig schläft schlecht, Liliencron wäre bereit, ihm vom eigenen guten Schlaf abzugeben. Wiederholt schreibt in seinem Auftrag auch Augusta, manchmal fügt sie der Unter–schrift Bemerkungen an wie „die im Unglück aushält" oder „Prinzeß vom Walde". In einem Brief, kurz vor Liliencrons Ausscheiden aus dem Staatsdienst, fragt sie sogar an, ob ihr der sehr geehrte Herr Nöthig in seiner „bekannten Güte" eine Stellung in einer großen Stadt vermitteln könne, vielleicht in einem „Damenladen", wo sie zugleich „der Hausfrau an die Hand gehen könnte". Zu dieser Anfrage sei sie „durch die traurichsten Geldverhältnisse bei uns genötigt".

Wenige Tage später schickt Liliencron einen eigenen Brief hinterher, nennt seine Augusta ein „unendlich gutes Thierchen", das von der fixen Idee geplagt werde, ihm zur Last zu fallen. Das Gegenteil sei der Fall. Würde er gezwungen, wieder allein im Wirtshaus zu leben, wäre das viel teurer als der jetzige Zustand.

Es ist aber wohl nicht nur das Geld, das Augusta an Auszug denken lässt. Liliencron hat eine neue Liebe entdeckt. Bei seinen langen, einsamen Wanderungen hat er im nahen Rosdorf Marie Runge, genannt Mieze, gerade 15 Jahre alt, kennen gelernt, allerdings ist sie schon verlobt. „Das süßeste Bauernmädelidyll, das ich je erlebt". Er notiert: „Fenster einsteigen, unendlich süße Rendezvous in Wald und Haide. Das Mädel hängt fabelhaft an mir." Mehrere Liebesgedichte sind die Folge. Der Kamerad Nöthig erhält eine Abschrift, erfährt aber nicht den Hintergrund. Stattdessen teilt ihm Liliencron mit, dass er den Jahreswechsel 1885/86 mit Augusta im Dunkeln verbracht hat, weil kein Kaufmann in der Stadt bereit war, ihm ohne Bezahlung Petroleum auszuhändigen. Gleichzeitig verrät er dem vom „Kameraden" zum „sehr lieben Freund" aufgestiegenen Briefpartner in einer Bilanz, er werde zurzeit von 150 Gläubigern bedrängt, habe im abgelaufenen Jahr 150 Mark für Briefmarken und 1200 Mark an Gerichtskosten ausgegeben. Augusta sei vor Hunger dreimal in Ohnmacht gefallen, er selbst habe seit acht Tagen nichts gegessen, beste Grüße, „es lebe der Kaiser, stets Ihr Liliencron – Dichter und deshalb Dulder."

Trotz der widrigen Umstände, zu denen auch Mangel an Schreibpapier gehört, arbeitet Liliencron unermüdlich weiter. Fünf Tage nur braucht er im Januar 1886 für das Drama *Sturmflut*. Eigene Erfahrungen auf Pellworm sowie Gespräche mit Pastoren, die die Katastrophe der Jahre 1824/25 miterlebten, haben ihn inspiriert. Zunächst ist er von dem Stück begeistert, dann empfindet er es als Schund, unterbindet die schon geplante Zusendung an mehrere Bühnen. Also wieder keine Einnahmen.

Die örtliche Spar- und Leihkasse gewährt schon lange keinen Kredit mehr, der Direktor Heinrich Titgens bittet jedoch den Gastwirt Delfs, dem Herrn Baron gegen Verpfändung von Bett und Bettstelle noch einmal 20 Mark zu zahlen. Voraussichtlich werde der Betrag bereits in wenigen Tagen zurückerstattet. Für das halbe Risiko stehe er, der Direktor, persönlich gerade. Allein in Kellinghusen hat der gegenwärtige Dichter und ehemalige Kirchspielvogt mittlerweile 5000 Mark Schulden.

AUF LEBEN UND TOD

Bei der Deutschen Schillerstiftung gehen mehrere Petitionen ein. Ob man dem verarmten Dichter Liliencron nicht helfen könne? Der Generalsekretär erstellt ein Gutachten. Verdienste um die Nationalliteratur habe der Baron noch nicht, aber immerhin ein „verheißendes, eigenartiges Talent". Wenn er nicht an Größenwahn oder seiner bekannten Leichtlebigkeit zu Grunde gehe, habe er „ganz gewiß keine unbedeutende, ja vielleicht eine überraschende Zukunft". Deutlich ungünstiger fällt das Urteil über den Dramatiker Liliencron aus. Der Generalsekretär hat zwar nur *Die Rantzow und die Pogwisch* gelesen, er kann sich aber beim besten Willen nicht vorstellen, dass irgendein Theater diese „zerhackte Szenenfolge" vom Kampf der beiden Adelsgeschlechter aufführen wird.

Der Stiftungsrat unter dem Vorsitz des berühmten Münchner Schriftstellers Paul Heyse bewilligt trotz einiger Bedenken eine einmalige Zahlung von 300 Mark. Der literarisch bewanderte ehemalige Direktor der *Norddeutschen Allgemeinen Zeitung*, Hermann Heiberg, bekommt den Auftrag, den Betrag in Raten auszuzahlen. Per Postkarte erhält Liliencron die Nachricht von der finanziellen Förderung, und die erfreuliche Botschaft wird zum Ärgernis. Noch ehe die Karte ausgetragen ist, hat der ganze Ort die

Neuigkeit erfahren. In Windeseile drängen sich Gläubiger vor der Villa Schuldenburg. So groß wird das Geschrei, dass Gendarmen anrücken müssen, um die aufgebrachte Menge zu beruhigen. „Keinen Funken Freude haben mir die dreihundert Mark gemacht, nur Scheußlichkeiten", teilt Liliencron Hermann Friedrichs mit. Vier Tage lang kann er nicht arbeiten.

Im April 1886 wird im Leipziger Stadttheater *Knut der Herr* aufgeführt. Wie zuvor schon in Altenburg ist die Resonanz gering, und das Stück wird zügig vom Spielplan genommen. Der Autor ist auch bei dieser Aufführung nicht anwesend. Es fehlen ihm Reisegeld und passende Kleidung. Er erspart sich somit auch die Enttäuschung. Allerdings ist er davon überzeugt, dass die schwache Resonanz nicht an der Qualität der Stücke, sondern an der des Publikums liegt. Schließlich hat kein Geringerer als der große Theodor Storm reichlich Lob ausgesprochen.

Liliencron hatte ihm die gerade fertig gestellte Tragödie *Der Trifels und Palermo* zugesandt, deren Hauptpersonen der auf Sizilien ansässige Staufen-Kaiser Heinrich VI. und sein gefährlichster Gegner König Löwenherz sind.

Storm lobt das Stück und gibt den Rat, sich in seinem literarischen Schaffen ganz den Dramen zu widmen.

Liliencrons Verleger Wilhelm Friedrich verschickt zwar 200 Exemplare an Theater des Landes, mag aber weder die Begeisterung des Autors noch die des berühmten Befürworters teilen, sondern bittet Liliencron, ihm statt Dramen lieber Romane anzubieten. Und er möge nicht immer die tiefe Vergangenheit zum Thema nehmen, sondern die

Gegenwart. 400 Mark verspricht er für jedes diesen Wünschen entsprechende Manuskript. Nicht so schwermütig, flott drauf los solle er schreiben, gerade so, wie ihm der Schnabel gewachsen sei.

Ja, ja, diese schlauen Verleger denken nur an gute Einnahmen, schlagen Dichtern vor, was aus ihrer Feder zu fließen habe.

Aus der Kieler Universitätsbibliothek hat sich Liliencron Bücher über die Merowinger schicken lassen. Eigentlich wollte er ein Drama über den Freiheitskampf der Dithmarscher schreiben. Die Schlacht anno 1500 bei Hemmingstedt fasziniert ihn schon seit geraumer Zeit. Aber die „Schwarze Garde" und Wulf Isebrand, die Bauern, die Ritter und die Adligen sind noch nicht an der Reihe. Die schaurigen Bluttaten der fränkischen Könige haben Vorrang.

Beinahe Tag und Nacht sitzt Liliencron in seinem nur noch spärlich möblierten Zimmer und schreibt mit einem Eifer, als warte die gesamte Theaterwelt auf das neue Stück. Als es im Mai 1886 fertig gestellt ist, will es keine Bühne auf den Spielplan setzen. Erst im Oktober 1908 erfolgt in Kiel die Uraufführung.

Inständig bittet der Verleger Friedrich erneut um Romane. Einer pro Jahr und er wäre finanziell gesichert. Dramen, jedenfalls so wie Liliencron sie schreibe, entsprächen nicht dem Geschmack des Publikums.

Er werde das Gewünschte liefern, verspricht Liliencron und beginnt mit der Arbeit an dem Trauerspiel Die *Sünden der Väter*, das sich während des Schreibens tatsächlich zu einer Art Roman entwickelt und schließlich den neuen Titel *Brei-*

de Hummelsbüttel erhält. Als Liliencron das Manuskript seinem Verleger schickt, fügt er neben einem dreifachen „Hurrah, Hurrah, Hurrah" den Kommentar hinzu, das Buch sei kein Sammelsurium von Grafen und krummbeinigen Baronen, es berichte vielmehr von wirklichen Menschen und werde gewiss nicht nur Kammerjungfern, sondern auch „literarische Feinschmecker" in Entzückung versetzen.

Wieder einmal hat Liliencron viel über sich selbst preisgegeben. Die Hauptperson, der Baron Hummelsbüttel, hat den größten Teil seines Besitzes verloren, weil der Großvater einst eine Leibeigene geheiratet hatte, er streift als einsamer Wanderer durch die Natur, genießt in vollen Zügen das Leben und die Liebe. Die kunstfremde Gesellschaft des Landes wird an den Pranger gestellt.

Mehrere Zeitungen und Zeitschriften veröffentlichen lobende Besprechungen. Theodor Storm würdigt die „große Unmittelbarkeit", die ihn „wie mit heimatlichen Augen ansah". Die Verkaufszahlen bleiben gering.

* * *

Am 16. Januar 1886 schreibt Liliencron dem lieben, guten, alten Waffengefährten Nöthig, dass er in zwei Tagen ein Lustspiel in zwei Akten verfasst habe. Am 4. Oktober wird *Arbeit adelt* uraufgeführt. Diesmal ist der Verfasser anwesend, denn das kulturelle Ereignis findet im Saal der Kellinghusener Gaststätte *Stadt Hamburg* statt, dort, wo Liliencron aus Geldmangel inzwischen nur noch sehr selten Stangenspargel mit Schinken zu 3,50 Mark oder Schnitzel á la Holstein für 2,50 Mark verzehrt. Ein Tournee-Theater hat sich bereit erklärt, das Stück am Ort seines Entstehens aus der Taufe zu heben, zusammen mit einer plattdeutschen Posse.

Wenn Schauspieler kommen, ist der Saal immer gefüllt, schließlich gibt es in Kellinghusen nicht viel Abwechslung. An diesem Abend werden sogar Stehplätze vergeben. Es heißt, das Stück enthalte bisher unbekannte Einzelheiten aus dem Leben des ehemaligen Kirchspielvogts. In Amerika soll er gewesen sein.

Die Bühne ist klein, der Hauptdarsteller hat beträchtliche Mühe mit seiner Rolle als preußischer Husarenoffizier, den Schulden nach New York verschlagen, wo er sich bei einer sehr reichen Familie als Reitknecht verdingt, die Tochter heiratet, von seinen Schulden befreit wird und mit der Angetrauten als glückliches Paar in die Heimat zurückkehrt.

Wo ist das Geld, wo die Gattin, fragen die Leichtgläubigen im Publikum.

Vor der folgenden Berliner Posse mit Gesang ist Liliencron schon geflüchtet. Seinem Verleger Friedrich schreibt er, das Stück sei ihm im höchsten Grade zuwider: „Der erste Akt ist langweilig wie eine leere Stube, der zweite ist für Dienstmädchen geschrieben. Ich möchte, der Satan stopfte sich die ganze Auflage, sie für Gänseleberpastete haltend, ins Maul."

Ach, wie gerne wäre er wieder Soldat, wie sehr genießt er die Reserveübung in Hamburg, zu der er am Tag nach der unerfreulichen Aufführung zurückkehrt. Die Kameraden, die große Stadt, die Einladungen, die neuen Bekanntschaften. Wie anregend und aufregend zugleich ist etwa der

Besuch bei Heinrich Heines Schwester Charlotte Embden. Die 85-Jährige bittet zum Frühstück, zeigt ihm Briefe des berühmten Bruders. Anwesend ist auch ihr Sohn, ein Baron, der seinen Oheim noch gut gekannt hat.

Unmittelbar nach der Rückkehr muss Liliencron in Kellinghusen einmal mehr den Offenbarungseid leisten. Drei Tage später, am 5. November 1886, fragt er beim Brieffreund Nöthig, ob die Breslauer Dichter-Schule, deren Ehrenmitglied er ist, umge–hend 20 Mark senden könne. Der Wunsch wird erfüllt. Da das Geld für Heizmaterial fehlt, schreibt er auch tagsüber nur noch im verpfändeten Bett.

Für Augusta ist das Leben besonders unerträglich geworden. Die Wohnung ist eisig kalt, die Nahrungsmittel sind knapp, im Ort begegnet man ihr mit Misstrauen. Liliencron schreibt und schreibt, ist immer häufiger übelgelaunt, liest ihr vor, erklärt Versformen. Sie will weg, jedenfalls so lange, bis das versprochene Geld eingeht, die Möbel, das Essen und die Wärme zurückkehren.

Hermann Heiberg erfährt von dem Elend und hilft erneut. Bei der in Lübeck lebenden Erzählerin und Journalistin Ida Boy-Ed findet er für Augusta eine vorläufige Bleibe. Kaum ist sie am 3. Dezember abgereist, schickt Liliencron einen verzweifelten Hilferuf an den alten Waffenkameraden Nöthig, den er jetzt „Mein lieber, lieber Theo" nennt: „Wo ist Gusti, Gusti. Meine Villa liegt ganz allein. Ich bin der einzige Bewohner. Es ist mir so schwer ums Herz. Die Uhr tickt so. Ich bin so allein. Überall bröckelt es an den Wänden."

In Lübeck bleibt Augusta nur einige Tage, dann zieht sie zu ihrer Mutter nach Hamburg. Gerade noch war sie bei Dichtern, jetzt stoßen sie die Menschen im übelbeleumdeten Viertel von St. Pauli ab. Sie flüchtet erneut und verrät nicht wohin. „In die Wüste" sei sie fortgelaufen, schreibt Liliencron verzweifelt an Theobald Nöthig nach Breslau. „Ich weiß nicht mehr, was ich thue. Ich bin außer mir. Ich bin schwerkrank. Und so allein ..."; und dann folgt die abrupte Frage: „Theo, soll ich das kleine Dings heiraten?"

Aus Kiel erreicht ihn ein anonymes Kuvert. Es enthält nur die Briefe, die Augusta an ihre Mutter geschrieben hat. Was hat das zu bedeuten?

Wenige Tage später, rechtzeitig zum Weihnachtsfest, kehrt Augusta überraschend nach Kellinghusen zurück. Nach Breslau geht die Nachricht: „Gusti und ich sitzen wieder in unserer stillen Stube zusammen und ich kann wieder arbeiten ... Wir sprechen eben lange über einen gemeinsamen Tod." Im selben Brief erbittet er einen guten Rat: Der Verleger Friedrich möchte in seiner Zeitschrift *Die Gesellschaft* ein Bild von ihm veröffentlichen. Ob ihm das von militärischer Seite wohl übel genommen würde? Vielleicht sogar ehrengerichtliche Folgen haben könnte?

Gewiss nicht, lautet die beruhigende Antwort. Und den gemeinsamen Tod sollten sie noch ein Weilchen aufschieben.

Die nächsten Briefe an Nöthig schreibt Augusta und berichtet, dass ihr geliebter „Deti" mit heftigen Ischias-Schmerzen im Bett liegt. Der Doktor kommt, aber er kann nicht helfen. Man legt ihn in Eiswasser, er schluckt Arsen, kann sich selbst in Phasen der Besserung nur noch auf Krücken bewegen. Geld für Medizin und Bezahlung der Ärzte ist nicht vorhanden, daher erbittet Liliencron von der Schillerstiftung eine erneute Zuwendung, möglichst 300 Mark. „Meine Bücher und Dramen bringen mir zur Zeit noch nichts ein, weil sie nicht gelesen, geschweige gekauft werden… Ich bin in der That in schwerer Noth." Zwei Monate später folgt die Zahlung. Für das Jahr 1888 wird noch einmal der gleiche Betrag bewilligt.

Grundlage ist ein sehr günstiges Gutachten von Generalsekretär Julius Grosse. Je mehr er von Liliencron gelesen habe, desto größer sei sein Respekt „vor dieser ursprünglichen und reichbegabten Kraft gewachsen".

Für die Hilfen bedankt sich Liliencron überschwänglich, bekennt aber gleichzeitig, dass sie nur einem Tropfen auf den heißen Stein bedeuten. Täglich 50 Mark kostet „die Pension" im Klinischen Institut des Kieler Arztes Dr. Gustav Neuber. Die so lange verschobene Operation ist unvermeidlich, Knochen haben sich entzündet, es geht, wie einst auf dem Schlachtfeld, um Leben und Tod.

Dem Kameraden Nöthig beschreibt er die Vorbereitungen: „So wahr ich lebe, es schlug vor dem Fenster in einer Platane, deren Krone ich über die halbgefrorenen Scheiben sah, eine Drossel: Wat, min Jung, du büst doch nich bang?

Zwei Assistenzärzte ergriffen rechts und links meine Pulse … etwas widerlich Süßes lag um meine Nase. Der eine Teufel rief: Zählen Sie gefälligst, Herr Baron!

Und ich begann: Eins, zwei, drei, vier, fünf sechs, sieben, acht, neun, zehn, 27, 38, 97…

Nach zwei Stunden weckte mich die Drossel und sang: Na, min lütt Jung, dat wär doch nie so schlimm."

Jeden Dienstag muss die Rechnung bezahlt werden. Manchmal erreicht den Patienten erst im letzten Augenblick eine Spende. Drei Monate, bis Anfang November 1887, bleibt er in der Klinik, drei Mal wird er operiert. Er schreibt unaufhörlich, Briefe, Novellen, Gedichte, manchmal erhält er sogar ein Honorar.

Augusta betreut ihn liebevoll. Soll er sie zum Dank heiraten? Er fragt beim Kameraden Nöthig an, ob er für eine Heirat „militärischer Seits" um Erlaubnis bitten müsse. Schließlich wäre die Ehe ja nicht standesgemäß. Der Freund möge sich auch erkundigen, wie er sich im Falle einer Mobilmachung zu verhalten habe. Ob seine nicht standesgemäße Frau dann überhaupt an seiner Seite stehen dürfe, gemeinsam mit den anderen „Offiziersdamen".

Die „ungeheuren Klinikrechnungen" kann Liliencron bald nicht mehr bezahlen, obwohl gerade 200 Mark für die 21 Druckseiten lange Novelle *Portepeefähnrich Schadius* und 400 Mark für das 13 Novellen umfassende Buch *Unter flatternden Fahnen* eingegangen sind.

Am 2. November 1887 kehrt er nach Kellinghusen zurück, und noch am gleichen Tag heiratet er Augusta Brandt. Trauzeugen sind das Ehepaar Benthin, Eigentümer des Gasthofes *Stadt Hamburg*.

Eine Krankheit hat somit zu einem vorläufigen glücklichen Ende geführt. In Liliencrons Novelle *Die Operation* ist der Ausgang dagegen tragisch. Eine junge Frau muss sich nach einem Unfall einem chirurgischen Eingriff unterziehen, auch bei ihr hat sich ein Knochen entzündet. Der Verlobte nimmt als Arzt an der Operation teil. Widerwillen und Ekel veranlassen ihn später, die gerade dem Tod entronnene Braut zu verlassen.

Der Baron und die Baronin von Liliencron kehren nicht wieder in die Villa Schuldenburg zurück. Selbst die dort verlangte geringe Miete ist zu hoch. Das Ehepaar zieht in eine winzige Wohnung in der Lehmbergstraße. Die Einrichtung ist wiederum karg, einziges Möbelstück ist ein mächtiger Schreibtisch, den die Breslauer Dichtergemeinschaft ihrem Ehrenmitglied gestiftet hat.

Erscheint einmal unerwartet Besuch, ergeben sich Peinlichkeiten. Im April 1888 will der Lyriker, Dramatiker und Redakteur Hermann Friedrichs seinen langjährigen Briefpartner Liliencron überraschen. Er ist auf dem Weg von Sizilien nach Kopenhagen, nimmt von der Bahnstation in Wrist für die Fahrt nach Kellinghusen eine Droschke. Mit seinem Zylinder erweckt er sogleich Aufsehen. Ach, zum Herrn Baron wolle der gnädige Herr? Sogleich wird der Kutscher freundlicher, treibt die Pferde zu schneller Gangart an. Selbst bei Mitbürgern der unteren Klasse scheint der Poet in gutem Ruf zu stehen, denkt der Besucher. Auch im Hotel, wo sich der Gast vom Reisestaub befreien will, ruft die Erwähnung des Namens Liliencron sogleich zuvorkommende Behandlung hervor.

Auf dem Weg zum Wohnsitz des Herrn Baron und Dichters wird der Besucher bestaunt, als käme er aus einer anderen Welt oder aus einem Zirkus. Und dann der Schock. Hier soll der verehrte Poet leben? In dieser Lehmhütte?

Die Haustür steht offen, und als Hermann Friedrichs an die Zimmertür klopft, wird sie aufgerissen, und Liliencron steht vor ihm, bekleidet mit einem abgetragenen Hausrock. Was der Herr wünsche? Ein Gläubiger wird vermutet, der sich als Freund herausstellt. So heftig ist die anschließende Umarmung, dass der Zylinder über den festgestampften Lehmboden in das Zimmer rollt.

Weiter hereinbitten mag Liliencron seinen Gast nicht, man verabredet sich für 12 Uhr zum Diner im Hotel. Vor dem Haus haben sich inzwischen acht Personen versammelt, die den offenkundig vornehmen Besucher ehrfurchtsvoll grüßen. Als Liliencron verspätet am gedeckten Tisch erscheint, gesteht er verschämt den Grund für das Aufsehen: Im Besucher mit Zylinder sei ein reicher Verwandter vermutet worden, der Geld gebracht habe, und sogleich seien die Gläubiger herbeigeeilt, um sich ihren Anteil zu sichern.

Die Herren sind bei der Zigarre, da tritt eine junge Dame an den Tisch. Meine Frau Augusta, stellt Liliencron sie vor. Die Heirat hatte er dem Briefpartner und Freund bisher verschwiegen, stets nur von einem „kleinen Sekretär" gesprochen.

Auf der Rückreise wollte Hermann Friedrichs noch einmal in Kellinghusen Halt machen, hatte sich bereits einen Schlapphut gekauft, um mit dem Zylinder keine Verwirrung zu stiften. Ein Todesfall in der Familie verhinderte jedoch den Besuch.

* * *

Liliencron erholt sich nur langsam von seinen Operationen. Zusätzlich hat er sich in der Klinik eine Infektion zugezogen, die ihn noch einmal für Wochen quält. Eine Rückkehr ins Krankenhaus lehnt er jedoch ab, auch deshalb, weil er noch nicht einmal die alten Rechnungen bezahlt hat.

Sobald es der Gesundheitszustand zulässt, schreibt er. Ein scheinbar unbedeutender Anlass führt zu einer Ballade: Eines Tages wird er zur Stadtkasse gebeten, ein Geldbetrag sei für ihn eingegangen. Erwartungsvoll macht er sich auf den Weg und erhält drei Mark und acht Pfennige ausgezahlt. Daheim zückt er sofort zornig die Feder:

Auf der Kasse die Zähler und Schreiber,
Die Pfennigumdreher und Steuereintreiber,
wie sie kalt auf den Sitzböcken thronen,
sichten das Gold wie Kaffeebohnen.
Möchte doch lieber Zigeuner sein
Als Mammonbeschnüffler im güldenen Schrein.

Er stellt sich vor, wie er in den offen stehenden Geldschrank greift:

Risch wie der Pfiff,
tät ich hinein einen herzhaften Griff.
Packte mir berstvoll alle Taschen,
Machte mich schleunigst auf die Gamaschen...

Den schnell hingeworfenen Versen folgen Novellen wie *Die Mergelgrube*. Es sind tagebuchartige Erinnerungen und Träume, geschrieben in der Ichform. Die Mergelgrube, zu der es den Erzähler immer wieder zieht, liegt am Rande von „Wüstenhamme", jener erbärmlichen Kleinstadt, in der der Hardesvogt seit 30 Jahren seinen verhassten Dienst verrichtet und die kulturfeindlichen Bewohner verachtet. Die Erzählung erscheint in der angesehenen Münchener Zeitschrift *Die Gesellschaft*, auch die *Kieler Zeitung* veröffentlicht einen Text. Zwar sind die Honorare gering, aber sie vertreiben düstere Gedanken, wie sie den Ich-Erzähler am Rande der Mergelgrube quälten.

Augusta schreibt an Theobald Nöthig: „Augenblicklich sitzt Deti bei mir am Tische und arbeitet an einem neuen Liede. Strophe auf Strophe fliegt ohne abzusätzen auf's Papier. Ach, wenn er dichtet, dann ist er immer so lustig und vergnügt, läuft im Zimmer umher und singt und pfeift, dass ich wünsche, es möchte immer so bleiben."

Am Tag darauf schickt Liliencron einen Brief hinterher. Mit der Anrede „Geliebtes Herz" und den Zeilen: „Geliebter … vor meinem Tode möchte ich Dich so gerne noch einmal sehen und sprechen. Ich habe eine fast krankhafte Sehnsucht deßbezüglich."

Augusta hat ihn während seiner fast zweijährigen Krankheit liebevoll gepflegt. Mit der Genesung schwindet seine Zuneigung. Er fühlt sich durch die Ehe eingeengt, schildert dem „geliebten Herz" und alten Kriegskameraden seine Verzweiflung: „Ich befinde mich zur Zeit in so furchtbarer Stimmung, dass ich den Tod mit aller Macht herbeisehne. Erstens die immer bedrohlichere finanzielle Lage, die mich unterkriegt. Mein sonst von jeder Freude verlassenes Leben wird auch dadurch beengt, dass mein gutes unvergleichlich liebes Gustchen fortwährend in einer Eifersucht ist, dass ich kein Gedicht schreiben kann, ohne dass sie in zahlreichen Thränen fließt."

Das Dichten, so klagt er, sei doch das letzte, was er noch im Leben genieße. Dem Brief legt er ein Gedicht bei, in dem er einmal mehr die Ansicht vertritt, ein Dichter dürfe nie heiraten, denn er gehöre dem ganzen Volk und nicht einer einzelnen Person.

* * *

Fragt man Liliencron nach seinem politischen Glaubensbekenntnis, dann antwortet er: „Ich bin Royalist, durch und durch, bleibe es bis zum letzten Atemzug, würde mit Wonne für meinen König-Kaiser den Kopf auf den Richtblock legen." Diese Treuebekundung hindert ihn jedoch nicht, selbst während seiner Amtszeit als Kellinghusener Kirchspielvogt mit bekennenden und staatlich verfolgten Sozialisten in trauter abendlicher Runde zu plaudern. Allerdings nicht über politische Entscheidungen. Über Bismarcks Verfolgung der Sozialdemokraten sieht er hinweg, denn den „Eisernen Kanzler" verehrt er, ehrt ihn sogar in einem Gedicht. Neben Goethe sei er das einzige Genie, das Deutschland hervorgebracht habe.

An den Freund Hermann Friedrichs schreibt er im Juni 1888: „Weil er ein Genie ist, da können es die Menschen nicht ertra–gen, sie müssen kleinlich über ihn denken. Nein, hurra, du Genius, hurra, du Eisenmann. Hier bin ich. Hier bin ich bei dir, und wenn sie dich alle verlassen sollten…"

Nur eines hat er an Bismarck auszusetzen: „Die unglaublich lächerliche Manie, jeden Ladenschwengel beim nächsten Amtsgericht zu verklagen, wenn er ihn in Posemuckel beleidigt hat."

Über die großen Ereignisse des Jahres 1888 äußert Liliencron sich öffentlich nicht. In seinem früheren Leben als Leutnant, auf dem Bahnhof in Frankfurt, hatte ihm der Kaiser und König Wilhelm I. die Hand gegeben. Nun ist der Greis gestorben. Sein Sohn, bereits an der Schwelle des Todes, besteigt als Friedrich III. den Thron. Die Liberalen setzen auf ihn ihre Hoffnungen, doch nach 99 Tagen können sie mit dem Herrscher auch ihre Träume begraben. Dem liberalen Vater folgt der für das Amt unvorbereitete und schließlich ungeeignete Sohn Wilhelm II.

Friedrich III. nennt Liliencron „den nach Christus edelsten Menschen", obwohl sein Herz „stark zu dem gröblichen Unsinn der sozialdemokratischen Langeweile" neige. An seinem Nachfolger stört ihn dessen Jugend, er kann sich nicht vorstellen, dass Wilhelm im „Reiherfederschmuck" und mit „deutschem Kaisermuth" im Krieg voranstürmt, ruft dem „Blondhaarigen" dann aber doch ein „Glück auf" zu.

Drei Könige und Kaiser in einem Jahr. Der Freiherr von Liliencron sieht sie mit gespielter Erregung kommen und gehen, fühlt sich noch immer nicht ganz genesen, zieht mit seiner nur noch mäßig geliebten Augusta schon wieder in eine neue Wohnung, die nicht besser ist als die alte, pflegt auch schon wieder eine neue Liebe.

Sie heißt Bertha Dessau. Im Gegensatz zu ihren zahlreichen Vorgängerinnen ist sie bereits 20 Jahre alt. Außerdem erfolgt ein Wiedersehen mit Marie Runge, dem Bauernmädchen aus Rosdorf, neu hinzu kommen ein „süßes Comteßchen" von Reventlow aus dem Eckernförder Raum und eine Minna Paustian aus Bad Bramstedt. Ihnen allen werden Gedichte gewidmet.

Gleichzeitig übt er Kritik daran, dass der ansonsten sehr geschätzte Friedrich Hebbel seine Lebensgefährtin Elise und die mit ihr gezeugten Kinder in Hamburg zurückgelassen hat. Allerdings nicht mittellos, sondern mit einem Teil des Geldes, das ihm vom dänischen König als Stipendium bewilligt worden war. Zweimal 600 Reichstaler, dazu gezahlt von einem landfremden Herrscher, und er, der deutsche Dichter Liliencron, erhält für das eingesandte Gedicht *Persisches Liebeslied* statt der erhofften 40 Mark vom Volontär der *Kieler Zeitung* die Mitteilung, man könne die Verse von der „ungestörten seligen Stunde im Paradies" nicht veröffentlichen, weil sie zu erotisch seien. Man müsse nun einmal auf seine Leser Rücksicht nehmen, und die verlangten „anständige rote Grütze und fromme unschuldige Milch".

Immerhin verrät die Antwort einen geistreichen Verfasser, und so bedankt sich Liliencron höflich für den Mut zu deutlichen Worten.

UNGEHEURE EINSAMKEIT

Als ob sich elende Wohnverhältnisse durch ständigen Umzug verbessern würden. Im August des Dreikaiserjahres ziehen die Liliencrons von der Lehmbergstraße Nummer 12 in das Nachbarhaus Nummer 10. Die neue Wohnung im ersten Stock besteht aus zwei Zimmern und einer Küche. Der Eingang ist über eine Außentreppe zu erreichen. Darunter läuft ein offener, besonders im Sommer übel riechender Abflussgraben. Es ist Liliencrons dritter Wohnsitz in der Lehmbergstraße, die keine gute Adresse in der Stadt ist.

Im Ort hat man sich an den ehemaligen Kirchspielvogt und jetzigen Dichter gewöhnt. Man weiß, dass er bettelarm und überall verschuldet ist, und begegnet ihm doch mit Respekt. Der *Stör-Bote* druckt nicht nur hin und wieder ein Gedicht, sondern berichtet auch über seinen Gesundheitszustand. Von „unserem Dichter" ist dann die Rede. Der Kontakt zu den Mitbürgern bleibt allerdings gering. Worüber soll man sich auch unterhalten?

Liliencron leidet unter dieser Ausgrenzung, die er selber pflegt. Mal behauptet er, jahrelang allein leben zu können, dann spürt er „wütende Sehnsuchtsanfälle nach den anderen Bestien-Menschen", denen er vorwirft, geistig tiefer zu stehen als ihre Ochsen und Kühe. Gutmütig sind sie jedenfalls, so wie der Buchbinder Nissen, der dem Dichter seine Papierabfälle schenkt.

Nein, es trifft wirklich nicht zu, wenn Liliencron gegenüber seinem Briefpartner Hermann Friedrichs behauptet: „Als Dichter kennt mich hier keiner. Sie wissen ja; Der Prophet usw." Es ist die Einleitung zu einer „Denkschrift", die er unter dem Datum vom 15. Juni 1888 nach Kopenhagen schickt, wohin der Mann mit dem Aufsehen erregenden Zylinder nach seinem überraschenden Besuch in Kellinghusen gereist ist. Diese Denkschrift ist zugleich Anklage und Glaubensbekenntnis, obwohl die einzelnen Absätze mit den Worten „Ich klage nicht" beginnen.

Liliencron klagt erneut über sein Leben „in ungeheurer Einsamkeit", obgleich doch gerade ein Schriftsteller „mitten in der Welt stehen muß". Er klagt über „gänzliche Versumpfung und Austrocknung" seines Geistes, weil er unter „kleinlichen, erbärmlichen" Verhältnissen leben müsse. Er klagt über ständigen Hunger und darüber, dass er es wegen seiner Schulden täglich mit Advokaten und Gerichtsvollziehern zu tun habe. Er beklagt die ständigen Demütigungen, die für einen feinfühligen Dichter besonders schwer zu ertragen seien. Er bedauert, dass er weder seinen tüchtigen Kellinghusener Arzt Dr. Neber noch den „großen Meister und herrlichen Menschen", seinen Kieler Operateur Dr. Neuber, bezahlen kann. Selbst dem Trauzeugen Benthin bleibt er 400 Mark schuldig und bringt ihn damit in große Not.

Und ganz besonders bedauert er den Verlust seiner Bibliothek, seines Handwerkszeugs. Der Gastwirt Julius Delfs hat die Bücher erworben und bietet sie für 500 Mark zum Kauf an. Liliencron darf sie benutzen, aber eben nur so lange, bis sie einen Käufer gefunden haben. Glücklicherweise sind Bücher im Ort nicht sonderlich gefragt.

Und so gehen die Klagen weiter. Deutlich kürzer sind dagegen die Bekenntnisse. Dem Kaiser, dem Vaterland, der Armee und der Jägerei bekundet er seine herzliche Liebe. Seiner Ehefrau Augusta, Freifrau von Liliencron, bescheinigt er Treue und Aufopferung. Nennt sie an anderer Stelle sogar „eine Heilige". Geld, Geld, Geld steht unvermittelt am Ende des Briefes.

Der weltmännische Hermann Friedrichs erträgt nur mühsam Liliencrons patriotisches Pathos zu Kaiser und Vaterland. Als er mit vorsichtiger Kritik antwortet, denkt Liliencron an den Abbruch der Beziehungen.

Dabei ist der Briefverkehr sein wichtigster Kontakt zur Außenwelt, jedenfalls zu den Menschen, mit denen er Gedanken austauschen möchte. Ein anderer Gesprächspartner, wenngleich sehr einseitiger, ist Männe, sein Schwarzwald-Teckel. Stundenlang wandert er mit ihm durch die Feldmark, den Wald und die Heide. Trifft er auf Bauern, verfällt er ins Plattdeutsche und plaudert leutselig über Wetter und Ernte, die Jagd und manches Mal sogar über Bismarck und den neuen Kaiser. Ob die beiden sich wohl vertragen?

Kommt er fröhlich pfeifend nach Hause, ist die ausgelassene Stimmung in der engen Wohnung schnell verflogen.

Misstrauisch fragt Augusta, wo er so lange gewesen sei, der Postbote hat schon wieder angedeutet, dass er dringend die ausgeliehenen 20 Mark benötigt, und als wollte er den eigenen Verdruss an den Schuldigen weiterreichen, hat er ärgerliche Briefe hinterlassen. Nicht nur von anderen Gläubigern. Ebenfalls in der Post ist eine Besprechung aus dem *Berliner Montagsblatt*. Darin behauptet der Rezensent, Liliencrons Gedichte seien „schülermäßig", woraufhin der so Kritisierte droht, er werde den Schweinehund mit Honig einschmieren und fünf Monate in einen Ameisenhaufen stecken.

Als die Stimmung wieder einmal einen Tiefpunkt erreicht hat, kommt ein Schreiben von Brahms, dem großen, berühmten, verehrten Johannes Brahms. Einen Tag lang öffnet Liliencron den Brief nicht, verspricht dem Postboten, sofort die ihm zustehenden 20 Mark zu zahlen, wenn er diesmal eine gute Nachricht überbracht hat.

Statt der versprochenen 20 Mark zahlt er zwar nur die Hälfte, aber der Inhalt des Schreibens versetzt ihn in Entzücken; denn Brahms teilt mit, dass er die Gedichte *Auf dem Kirchhof* und *Tiefe Sehnsucht* vertont hat. Das sei für ihn die höchste bisher erhaltene Auszeichnung, verkündet Liliencron, sie sei ihm noch wertvoller als die auf dem Schlachtfeld verdienten Orden.

Nicht einverstanden ist er allerdings damit, dass Brahms eigenmächtig einen Titel geändert und aus der „Sehnsucht" ein „Maienkätzchen" gemacht hat. Schon gefällt ihm auch die Melodie nicht mehr, er nennt sie seicht, behauptet sogar, der ansonsten verehrte Meister sei von dieser Komposition ebenfalls wenig begeistert. Noch Jahre später kann er sich über den albernen Titel des Liedes ärgern.

TIEFE SEHNSUCHT / MAIENKÄTZCHEN

Maienkätzchen, erster Gruß
Ich breche dich und stecke dich
An meinen alten Hut.
Maienkätzchen, erster Gruß,
Einst brach ich dich und steckte dich
Der Liebsten an den Hut.

Die Vertonung des auch nur aus zwei Strophen bestehenden Gedichts *Auf dem Kirchhof*, zu dem ihn der Besuch am Grab der Mutter inspiriert hat, empfindet er dagegen als „wundervoll".

Einnahmen bringen die Lieder nicht. Die Bilanz, die ihm sein Verleger Wilhelm Friedrich am Jahresende 1888 schickt, fällt betrüblich aus. Obwohl dem Verlag zwei eigene Zeitschriften für die Werbung zur Verfügung stehen, sind die Verkaufszahlen gering. Von der Novelle *Unter flatternden Fahnen* waren im abgelaufenen Jahr 170 Exemplare verkauft, von der Gedichtsammlung *Adjutantenritte* sind es jährlich etwa 100. Für das Drama *Merowinger* erhält der Autor 100 Mark. Statt einer erhofften Honorarauszahlung bekommt Liliencron vom Verlag die Mitteilung, dass sein Konto als Folge von Vorschüssen einen Fehlbetrag von 989,95 Mark aufweise. Kurz vor dem Weihnachtsfest klopft erneut der Gerichtsvollzieher an die Tür. Er findet nichts, was er pfänden könnte, erklärt sich aber bereit, Liliencron angesichts der in Tränen aufgelösten Augusta 10 Mark zu leihen, obwohl er weiß, dass er den Betrag als verloren ansehen kann.

Liliencrons Briefpartner sind es gewohnt, ungewöhnliche Wünsche zu erfüllen. Vom früheren Kriegskameraden und jetzigen Dichterkollegen Nöthig erbittet er Theodor Fontanes *Wanderungen durch die Mark Brandenburg*, Gottfried Kellers Roman *Der grüne Heinrich* und weitere Briefmarken, seinen Verleger fordert er auf, Briefbögen nur einseitig zu beschreiben, damit er die Rückseite als Manuskriptpapier benutzen kann. Ein etwas pikantes Anliegen richtet Liliencron Anfang 1889 an den Berliner Schriftsteller Max Kretzer. Seit einigen Monaten hat er eine neue Liebelei mit der bei ihrer Mutter in Kellinghusen lebenden Bertha Dessau begonnen. Den beiden Damen hat er edles Parfum versprochen, das sich am Ort nicht auftreiben lässt. Und, falls es möglich gewesen wäre, aus Gründen der Diskretion ohnehin nicht hätte gekauft werden können.

Daher geht an den Berliner Kollegen die Bitte, er möge vier Fläschchen Parfümerien, darunter das Aroma Parmaveilchen, zum Preis von höchstens zehn Mark erwerben und an die Adresse der beiden Damen in der Bahnhofstraße schicken. Auf gar keinen Fall dürfe Post in dieser Angelegenheit an die eigene Anschrift in der Lehmbergstraße gehen, weil „die Folgen Mord und Gift wären", da seine ansonsten so geliebte Gattin die unangenehme Gewohnheit habe, alle eingehenden Briefe zu öffnen.

Die Geschenkaktion gelingt und verläuft auch deshalb zur völligen Zufriedenheit des galanten Auftraggebers, weil der Berliner Dichter-Kollege auf eine Begleichung der Ausgaben verzichtet.

Zu Beginn des Jahres 1889 hat Liliencron das Manuskript für einen neuen Gedichtband fertig gestellt und schickt es seinem Leipziger Verleger Wilhelm Friedrich. Der ist verzweifelt. Schon wieder Lyrik! Wer soll das lesen? Erneut bittet er den Dichter, er möge doch verkäufliche Ware liefern. Mit Gedichten und Dramen sei wirklich kein Geld zu verdienen, nicht für den Verleger und auch nicht für den Autor. „Schreiben Sie Prosa, und jedes Honorar wird von mir bezahlt", teilt er Liliencron mit. Der aber ist Dichter, will nicht für Geld schreiben, obwohl er es so dringend benötigt.

Wieder einmal ist es Hermann Heiberg, der einstige Direktor der *Norddeutschen Allgemeinen Zeitung*, der bei der Schillerstiftung um eine weitere Förderung bittet. Der Vorsitzende Paul Heyse, künftiger Literaturnobelpreisträger, stimmt zwar grundsätzlich zu, meldet aber gleichzeitig einige Bedenken an. Es sei ihm fraglich, „ob es dem entschieden sehr begabten, aber im Leben verlotterten Manne gelingen wird, sich aus verschuldetem und unverschuldetem Elend herauszureißen und auf einen grünen und festen Zweig zu kommen."

Mehrere Vorstandskollegen wollen den Fall Liliencron bei der nächsten Sitzung grundsätzlich beraten. Ein kaum 50-Jähriger könne nicht auf Dauer Pensionär der Stiftung werden, heißt es, und der ehemalige Kirchspielvogt habe außerdem die „erregten Erwartungen" bisher nicht erfüllt.

Da der Vorsitzende und sein Sekretär Julius Grosse die Unterstützung befürworten, werden 400 Mark bewilligt. Sie gehen nicht direkt an Liliencron, sondern wieder mit dem Auftrag an Heiberg, den Betrag nur in Raten auszuzahlen. Heiberg handhabt diese Bedingung großzügig.

Was denn nun? Dramen solle er schreiben, in dieser Gattung liege seine Stärke, hatte Theodor Storm empfohlen. Bitte nichts Dramatisches, das wünsche der Leser nicht, schreibt ihm dagegen der Verleger, und bitte auch keine Gedichte. Davon habe er schon reichliche Vorräte. Himmlisch seien Liliencrons Verse, jedenfalls einige, jubelt Theodor Fontane. Und wenn der als äußerst kritisch bekannte Paul Heyse eine Förderung durch die Schillerstiftung befürwortet, ist das ganz gewiss ein Zeichen für seine Begeisterung.

Aber wenn Prosa offenbar erwünscht ist, bitte sehr, er habe schon seit längerer Zeit eine Idee, die nach einer Geschichte drängt. Sie heißt schließlich *Der Mäcen* und gibt Einblick in das Leben und die Träume des Freiherrn von Liliencron, der sich Graf Wulff Gadendorp nennt. Er ist unendlich reich und hinterlässt seinen Reichtum den Menschen und Institutionen, die es verdient haben. Die Schillerstiftung soll 24 Millionen Mark erhalten, damit sie verarmten Dichtern nicht Sümmchen wie 400 Mark, sondern tüchtige Beträge auszahlen kann. Sechs Millionen werden dem Kaiser persönlich zugesprochen, bestimmt zum Wohle verschuldeter Offiziere. Der gleiche Betrag geht an den Reichskanzler, auf dass er Witwen und Waisen fördert, deren bisherige Ernährer durch Stürze vom Baugerüst oder ähnliche Unfälle ums Leben gekommen sind. Jedem Orgelspieler, der im Gutsbezirk von Gadendorp tätig ist, wird ein Zwanzig-Mark-Stück versprochen.

Bereits zu Lebzeiten hat der Mäzen großzügig die unterschiedlichen Zweige der Kunst gefördert. Im Park seines holsteinischen Gutes lässt er Schauspieler auftreten. Vorwiegend mit Stücken zeitgenössischer Dichter, deren Talent bisher verkannt worden ist. Darunter des Freiherrn Detlev von Liliencrons historisches Drama *Die Merowinger*.

Zum Erbe gehören aber nicht nur Millionen, sondern auch gute Ratschläge. Darunter eine Liste mit den wichtigsten Büchern der Weltliteratur. Mit der Bibel beginnt sie und endet auf Platz 73 mit den Werken Turgenjews. Zur deutschen Abteilung gehören die Namen Kleist, Bismarck, Eichendorff, Hebbel, Mörike, Storm und Annette von Droste-Hülshoff.

Ganze Passagen privater Briefe hat Liliencron wörtlich in die Geschichte vom reichen Wulff von Gadendorp aufgenommen. Er gibt armen Dichtern Ratschläge, wie sie zu Geld gelangen können, nämlich durch „Schleuderware", indem sie Possen, Romane und Novellen „schmieren", also das tun, was auch sein Verleger wünscht. Und selbst für bereits berühmte Kollegen hat er Weisheiten parat: „Hebbel wäre ein noch gewaltigerer Lyriker geworden, hätt er … weniger Verstand besessen. Ein durchdringender, grübelnder, zersetzender Verstand verhindert, den Thron eines Lyrikers besteigen zu können."

Anfang Juli schickt Liliencron den *Mäcen* seinem Verleger. Nicht besonders gelungen, lautet dessen Urteil. Im selben Schreiben wird Liliencron aufgefordert, dafür zu sorgen, dass der Verlag nicht ständig von Gläubigern belästigt werde, man müsste sonst nämlich bald ein besonderes Auskunftsbüro einrichten.

Die Empörung des Getadelten ist mächtig, er droht damit, den Verlag zu verlassen, woraufhin ihn Wilhelm Friedrich an seine vertraglich festgelegten Pflichten erinnert. Als der Verleger ihn auch noch darauf hinweist, dass bei der *Bremer Weserzeitung* die gut dotierte Stelle des Feuilleton-Redakteurs zu vergeben ist, empfindet Liliencron den gut gemeinten Rat als weitere Kränkung.

ENDLICH MÜNCHEN

Sechs Jahre hat Liliencron in Kellinghusen gelebt. Sein
Werk umfasst Ende 1889 fünf Dramen, einen Roman, sechs
Prosa- und Lyrikbände sowie die Borbyer und Pellwormer
Sonderdrucke. Er ist jetzt 45 Jahre alt und fest entschlossen, seine Lebensumstände zu verändern. In Kellinghusen
erscheint ihm das unmöglich. Aber wo soll er hin? München lockt ihn vor allem. Dort hat er brieflich zahlreiche
Kontakte geknüpft, auch immer wieder Einladungen erhalten. Doch allein für die Reise fehlt ihm das Geld.

Mittlerweile im Abfassen von Bittbriefen geübt, schreibt
er an Timm Kröger, und der stellt einen stattlichen Betrag
für Fahrtkosten und Aufenthalt zur Verfügung. Offiziell als
Vorschuss, doch er kennt die finanzielle Lage des geschätzten Kollegen und weiß daher, dass er ein Geschenk gemacht
hat.

Um nicht in Versuchung zu geraten, übergibt Liliencron das
Geld der Witwe Dessau, in deren Gastwirtschaft *Zum weißen Roß* er der Tochter Bertha wegen regelmäßig einkehrt.
Erst am Morgen vor der Abreise händigt die Wirtin ihm den
sorgsam gehüteten Schatz aus. In Begleitung von Augusta
lässt er sich am 1. Februar zum Bahnhof nach Wrist fahren,
und während seine Frau in Tränen ausbricht, besteigt er
fröhlich pfeifend den Zug. Die Strecke nach Itzehoe war

erst vor einem halben Jahr eingeweiht worden, und an der Finanzierung hatte sich Liliencron mit drei Mark beteiligt.

In Kellinghusen nimmt kaum jemand Notiz von seiner Abreise. Am Münchener Hauptbahnhof empfängt ihn ein halbes Dutzend Verehrer, darunter der Oberst Heinrich von Reder. Auf ihn tritt Liliencron zu, schlägt die Hacken zusammen, macht eine Verbeugung und meldet: „Gestatten, Herr Oberst, Hauptmann Baron Liliencron". Der so formell Angesprochene vermutet zunächst einen Scherz. Als er merkt, dass es der Besucher ernst meint, erwidert er: Liliencron, machens keinen Unsinn, wir sind hier nicht in Preußen.

Gerade noch hatte er unter Kleinbürgern im verachteten „Wüstenhamme" zu ersticken gedroht, und jetzt fühlt er sich in den siebenten Himmel versetzt. Drei Tage nach der Ankunft schildert er Timm Kröger seine ersten Eindrücke: Den berühmten Ibsen habe er im Café Maximilian gesehen, im Gewühl des Hofbräuhauses sei er gewesen, in der vornehmen Königinstraße, gegenüber dem Englischen Garten, wohne er, zusammen mit vielen anderen Künstlern, im Theater habe er „Götterdämmerung" gehört und sich einen Anzug gekauft. Eine wahre Pracht sei München mit seinen Palästen, viel vornehmer als Berlin.

Und wohin man blickt, sieht man Prominenz. Verlässt Liliencron sein bescheidenes Zimmer, steht er vor der prächtigen Villa des Malers Franz Defregger, im vornehmen Nachbarhaus wohnt die berühmte Schauspielerin Klara Ziegler. Als ihr der Hund wegläuft, hilft Liliencron bei der Suche. Den in örtlichen Kunstkreisen üblichen Schlapphut hat er sich gekauft, dazu eine Samtjacke. Wer ihn in seiner gesteppten Jagdjoppe und dem Jägerfilz in Kellinghusen gesehen hat, würde ihn kaum wieder erkennen. Statt durch Wald und Feld zu wandern und mit Bauern über Tiere, Wetter und Ernte zu plaudern, spaziert er jetzt durch die elegante Ludwigstraße, lässt sich in einem Café am Siegestor nieder, macht Ausflüge zum Starnberger See, hört an der Universität eine Vorlesung über Anselm Feuerbach, bewundert in der Alten Pinakothek die Bilder von Rembrandt und Raffael. Einmal reist er sogar über die Alpen nach Verona.

Er habe bereits zahlreiche literarische und künstlerische Verbindungen angeknüpft, meldet er seinem Förderer Timm Kröger. Am liebsten würde er das ganze Jahr bleiben in diesem fröhlichen, heidnisch-schönen Leben und bei diesen „süßen Weibern hier". Tausend Mark müsste man am Tag haben. Damit der Gönner in der holsteinischen Heimat nicht erschrickt, fügt er beruhigend hinzu, dass er damit rechne, in einem halben Jahr endgültig von allen finanziellen Verpflichtungen befreit zu sein. Und als ahnte er, dass der fest im Leben stehende Anwalt Kröger beim Lesen dieser Ankündigung lächeln würde, liefert er Beweismaterial: Im Juni-Heft der Zeitschrift *Moderne Dichtung* werde die gerade fertig gestellte Novelle *Die Schnecke* veröffentlicht.

Obwohl der Autor den Inhalt der Erzählung noch nicht verrät, wird der Mäzen aus dem holsteinischen Haale keine Tiergeschichten erwarten, denn Liliencron räumt ein, dass der kleine Gott Amor eine Rolle spielt. Allerdings nur in der Nebenhandlung, in der er seine jüngste Liebschaft verarbeitet hat. Das dort beschriebene, ihm in München „zugelaufene" Katherl mit schwarzen Haaren und wilden Augen heißt in Wirklichkeit Kathi Schöpfer, ist 16 Jahre alt und stammt aus Tegernsee. Mit ihr erlebt Liliencron „das reizendste Abenteuer, das mir je passiert ist", übergibt die Geliebte vor der Rückkehr nach Kellinghusen dem Freund Otto Julius Bierbaum. So gehöre es sich nun einmal unter Offizieren, notiert er und macht aus der Trennung das Gedicht *Versto-ßen*. Mit den Zeilen:

Sind Zeugen, daß ich kein Duckmäuser war
In jenem lustigen, jubelnden Jahr.
Ein Mädel, wies mit sich bringt der Brauch,
Hab ich damals besessen auch,
Ein liebes gutes, vergnügtes Ding,
Die voller Dargebung an mir hing,
Doch plötzlich, wer wagt unser Herz zu kennen,
Ward sie mir lästig, ich mußte mich trennen.

Die Nachfolgerin von Kathi heißt Josephine Kuisl, ebenfalls 16-jährig. Literarisch interessiert sich Liliencron nur für ihren Bernhardiner Hund, dessen Namen er für das Gedicht Säntis nutzt.

Täglich holt Liliencron nach, worauf er auf Pellworm und in Kellinghusen so viele Jahre verzichten musste. Theater, Konzerte, ausgelassene Runden mit wahren oder vermeintlichen Künstlern. Spät kehrt er zurück, früh sitzt er am Tisch und schreibt, verschickt Gedichte und Erzählungen, bekommt Zusagen und Ablehnungen. Die eingehenden Honorare sind gering. Selten geht ein Brief nach Kellinghusen, stets mit der Zusage, dass er demnächst Geld überweisen werde, doch es bleibt bei den Versprechungen. Augusta ist ganz auf die Hilfe ihrer Verwandten angewiesen.

* * *

Der erste Monat seit der Ankunft an der Isar ist noch nicht vergangen, da ist nicht nur der mitgebrachte kleine Geldschatz verbrannt, es sind sogar Verpflichtungen entstanden. An wen nur soll er sich wenden? Timm Kröger hat er versichert, dass Reichtum vor der Tür stehe, der Verleger weist auf das ohnehin überzogene Konto. Die Münchener Verehrer, der Oberst von Reder etwa, dürfen von der Geldnot nichts erfahren. Bleibt nur die Schillerstiftung, die sich schon mehrfach großzügig gezeigt hat.

Am 27. Februar ergeht der Hilferuf an den Sekretär Julius Grosse nach Weimar und sorgt dort für Verwunderung. Seltsam begründete Anträge verarmter Poeten ist man gewohnt, aber derart dringlich wie der so beharrlich dichtende Baron von Liliencron hat noch keiner um eine Zahlung gebeten. 400 Mark verlangt er, und zwar innerhalb von vier Tagen. Er benötige das Geld, weil er aus München in die Heimat zurückkehren möchte, zuvor aber müsse er die hier angefallene „kleine Rechnung" bezahlen. Das könne er deshalb nicht, weil man ihn um das Honorar seines Buches *Der Mäcen* betrogen habe. Im Übrigen sei das Geld gut angelegt, weil er nach der „totalen Vereinsamung" in Kellinghusen in der Weltstadt neue Eindrücke erhalten und Beziehungen geknüpft habe. Jetzt könnte daher aus ihm noch etwas werden. Die Antwort folgt am nächsten Tag und lautet: Nein. Sofortige Zahlungen seien bei der Stiftung nicht üblich.

Und wenn man auf das „Sofortige" verzichte? Wenn das Wasser bis zum Hals steht, sucht man selbst beim Strohhalm Rettung.

Unter dem Datum vom 4. März 1890 wiederholt Liliencron seinen Hilferuf. Gleich doppelt. Direkt an die Schillerstiftung und noch einmal an deren Sekretär. Da die alten Gründe nicht erfolgreich waren, müssen neue vorgetragen werden: Von den elf Büchern, die er bisher geschrieben habe, sei für acht kein Honorar gezahlt worden. Für das jüngste Werk Der Mäcen hätten ihm 750 Mark zugestanden, der Verleger habe jedoch 500 Mark zum Ausgleich des Kontos einbehalten.

Dem Sekretär Julius Grosse nennt er weitere Einzelheiten seines Elends, darunter ist die Behauptung, er habe als Schriftsteller mehr gelitten als die Kollegen Hebbel, Kleist und Platen zusammen genommen, und von Friedrich Hebbel, dem er in München wiederholt begegnet sei, wisse er, dass er an 137 aufeinander folgenden Tagen nicht zu Mittag gegessen habe.

Also bitte, bitte, man möge ihm die 400 Mark zukommen lassen, obwohl er sicher sei, dass der große Kollege Paul Heyse ihn hasse. Dem Generalsekretär missfällt das Schreiben. In einer Stellungnahme an den Vorstand missbilligt er vor allem die Behauptung des Petenten, er habe mehr gelitten als die namentlich aufgezählten Kollegen.

Doch trotz aller Bedenken empfiehlt er noch einmal die Zahlung von 400 Mark. Diesmal nun aber wirklich zum allerletzten Mal. Nicht alle Mitglieder im Verwaltungsrat stimmen zu. An Hermann Heiberg geht die Mitteilung, er möge seinem Freund diese mit Bedenken und letztmalig bewilligte Summe wieder in Raten auszahlen und ihm gleichzeitig sagen, dass die Stiftung nicht länger bereit sei, „ihm bei so rüstiger Arbeitskraft alljährlich zu helfen".

Geld ist somit in Aussicht, aber nicht vorhanden. Erfahrungsgemäß dauert es Wochen oder gar Monate, bis die Zahlung erfolgt. Jeder Tag in München ist inzwischen unbezahlbar. Die Schulden könnte er zurücklassen, doch es fehlt das Geld für die Fahrkarte nach Kellinghusen.

Der Briefwechsel mit dem Kameraden Nöthig in Breslau hat sich ein wenig abgeschwächt. Beim letzten Kontakt hatte Liliencron gefragt, ob es einen Tanz mit der Bezeichnung „Der Dörper" gebe, nun geht an den „Geliebten" eine „verzweifelte Bitte". Er brauche als Vorschuss auf die Zahlung der Schillerstiftung umgehend 200 Mark, vielleicht ließe sich der Betrag aus der Kasse des Vereins „Dichterschule" abziehen? Nöthig beschafft das Geld.

Plötzlich ist Liliencron also wieder in Kellinghusen. Nach dem zehnwöchigen Leben in München empfindet er „Wüstenhamme" kleinbürgerlicher und enger als zuvor. Und den Bürgern ist der ehemalige Kirchspielvogt noch fremder geworden. Wenn sie ihn in seiner schwarzen Samtjacke und dem mächtigen Hut auf der Straße sehen, stecken sie tuschelnd die Köpfe zusammen. In der großen Welt amüsiere er sich, seine arme Frau habe er mittellos zurückgelassen. Gläubiger melden sich und müssen sich wortreich erneut vertrösten lassen.

Zum 1. Mai kündigt Liliencron die Wohnung über dem Abfluss, packt einige Habseligkeiten in zwei Koffer, schickt eine Kiste zum Vater nach Kiel. Augusta fährt zur Mutter nach Hamburg. Als er in Wrist wieder den Zug besteigt, verabschiedet ihn niemand.

Da die erste Rate vom Geld der Schillerstiftung eingetroffen ist, kann Liliencron schnell nach München zurückkehren. Am 1. Mai 1890 bezieht er wieder sein bescheidenes Zimmer in der Königinstraße mit Blick auf den Englischen Garten und das Palais des Malers Franz Defregger. Ganz anders als in Kellinghusen wird der Rückkehrer von Freunden und Verehrern mit freudigem Hallo auf das Herzlichste empfangen. Ist das Leben nicht schön? Vor allem, wenn etwas Geld vorhanden ist? Mit der reizenden Josephine, Tochter eines Tagelöhners, reist er an den Starnberger See, vergnügt sich auf einem Jahrmarkt im Karussell, besucht das Schloss Schleißheim und den Wallfahrtsort Maria Eich. Das Erlebte verarbeitet er sogleich oder später zu Versen. Im Sommer nimmt er seine Muse Josephine, die er Seffi nennt, in seine Ein-Zimmer-Wohnung auf und dichtet in dem lyrischen Zyklus *Der Haidegänger*:

Du gutes Mädel, ja, komm mit mir,
Komm mit, ich bin so fröhlich mit dir.
Die Nacht ist zu kalt im Ginsterkraut,
Sei heut einmal heimlich zu Haus meine Braut.

Leider gehen aus Hamburg störende Briefe ein. Augusta erinnert den fernen Gatten daran, dass er ihr Geld schicken wollte. Ja, ja, die Hälfte der Pension werde er überweisen. Doch es bleibt bei dem Versprechen. Auch die gegenüber Timm Kröger geäußerte Vermutung, zur Jahresmitte über gesunde Finanzen zu verfügen, hat sich nicht erfüllt.

An den schon lange nicht mehr besonders geschätzten Verleger Friedrich geht allerdings das Manuskript für den dritten Gedichtband, der im Herbst unter dem Titel *Der Haidegänger und andere Gedichte* erscheint. Fast der gesamte Inhalt war im Lauf der vorangegangenen zwölf Monate entstanden. Selbst sein Verehrer und späterer Biograf Heinrich Spiero beklagt, dass manchem Vers „die feine Feilung" fehle. Die 36 Gedichte enthalten viel aktuell Erlebtes, und erkennen lässt sich außerdem, dass Liliencron das ausgelassene Münchener Leben auf Dauer nicht ertragen kann. „… abends, wenn's ruhig wird, fällt mir ein, ich möchte auf meiner Haide sein."

Timm Kröger teilt er mit, *Der Haidegänger* werde wohl sein „Testament" sein, denn in seiner derzeitigen Verfassung könne er nicht mehr schreiben. Das Leben ohne Geld lasse ihn einfach zusammenbrechen.

Dass seine Muse Seffi das Zimmer ihres Untermieters teilt, hat die „unvergleichlich gute" Wirtin großmütig geduldet, als der Baron allerdings schon seit Monaten mit der Miete im Rückstand ist, verliert sie die Geduld und kündigt ihm. Liliencron muss sich in deutlich schlechterer Lage in der Amalienstraße eine neue Unterkunft suchen, gibt in Briefen aber noch über Wochen die alte Adresse an.

Briefe erreichen ihn trotzdem, auch die unerwünschten. Augusta hat sich in ihrer Not an Timm Kröger gewandt, in seiner Eigenschaft als Rechtsanwalt. Der somit zum Mandanten gewordene Freund werde zahlen, verspricht Kröger. Aber Liliencron schickt nur 100 Mark vom Honorar für den *Haidegänger*. Augusta bittet vergeblich um 50 Mark pro Monat. Zu seinem Schrecken steht die Gattin plötzlich in München vor der Wohnungstür. Man hat sich wenig zu sagen, Augusta sieht, unter welch kläglichen Verhältnissen Liliencron lebt. Bereits am nächsten Tag reist sie nach Hamburg zurück.

Hat er gerade noch dem „Herrn Rechtsanwalt Kröger" mitgeteilt, dass er am liebsten seinem elenden Leben ein Ende machen möchte, beklagt er sich bei seinem Hamburger Kollegen Otto Ernst Schmidt über das unendlich schlechte Essen. Es sei unglaublich, mit welchen „Hachsen, Gekrösen, Gehirnen" sich der bedürfnislose Münchener zufrieden gebe. Die ärmste Hamburger Arbeiterfamilie würde verschmähen, was ihm hier aufgetischt werde.

* * *

Als der Landsmann Johannes Brahms zwei seiner Gedichte vertonte, war Liliencron darüber so stolz, als hätte ihm der Kaiser einen weiteren Orden verliehen. In München zeichnet sich nun eine viel bedeutsamere Zusammenarbeit mit einem Komponisten ab. Zwar ist Hugo Wolf außerhalb seiner österreichischen Heimat erst wenig bekannt, aber der 30-Jährige hat schon über 50 Texte von Eduard Mörike und mehrere Gedichte von Goethe vertont. Man sagt ihm eine ruhmreiche Zukunft voraus.

Liliencron schickt ihm zwei Gedichtbände. „Sehr talentvoll", lautet das Urteil. Man scheint sich zu verstehen. Wolf plant, aus Shakespeares Schauspiel *Der Sturm* eine Oper zu machen. Er sucht jemanden, der das Libretto schreibt. Liliencron scheint ihm geeignet. Doch der lehnt mit der Begründung ab, an Shakespeare traue er sich nicht heran. Als Ersatz bietet er sein nie von einem Theater angenommenes Indianer-Drama *Pokahontas* an. Wolf lehnt ab, will von „Buffalo Bill und seiner ungewaschenen Gesellschaft" nichts wissen. Besonders unbeliebt macht er sich mit der Bemerkung, wer für Brahms schwärme, der könne nur an Geschmacksverirrung leiden.

Trotz dieser Meinungsverschiedenheiten trifft man sich am 12. Oktober 1890 in München, anwesend ist auch der Schriftsteller und Herausgeber der Zeitschrift *Die Gesellschaft*, Michael Georg Conrad. Wolf spielt seine Kompositionen vor und schreibt an eine Bekannte: „Die beiden waren im buchstäblichen Sinne des Wortes niedergedonnert. Der eine weinte und der andere schrie, es war zum toll werden. Liliencron will mich um jeden Preis andichten…" Was er in einer hymnischen Ballade auf den *König der neuen Kunst* auch tat.

Noch einmal fragt der Tonsetzer wegen Shakespeare an, aber Liliencron mag nicht auf dem ihm unbekannten Feld tätig werden. Allerdings möchte er die Beziehung aufrechterhalten und versucht, den Dirigenten Hans von Bülow für Wolf zu begeistern. Diese Bemühung scheitert. Von Bülow teilt ihm mit, dass er von dem Compositeur überhaupt nichts hält. Auch bei Liliencron fällt Wolf daraufhin in Ungnade, weil er die Vertonung von Gedichten aus dem *Haidegänger* mit der Begründung ablehnt, er halte sie für „abstoßend". Damit ist der Briefverkehr zwischen dem Poeten und dem Komponisten beendet.

* * *

Wie hatte sich Liliencron nach München gesehnt, diese Stadt der Städte war für ihn der Inbegriff von Freiheit, künstlerischer Verwirklichung. Nach einem Jahr stellt er fest, dass er kein Mensch des Südens ist. Auch mit tausend Mark am Tag möchte er nicht länger bleiben. Es zieht ihn zurück in den Norden. Am 30. Januar 1891 verlässt er München. Seffi, die Geliebte mit dem Bernhardiner, ist zum Abschied gekommen. Tränen fließen reichlich. In seinem Epos *Poggfred* hat er die Szene sechs Jahre später festgehalten:

Was weinst denn so? Seffi? Sieh doch: Die Leute!
Nimm dich zusammen, bitte; nur noch heute.
Mach mir den Abschied doch nicht gar so schwer.
Hör doch: Du tatst ja immer was mich freute.
Komm! Hör; es ist ja nicht auf nimmermehr …
Ein langer Pfiff. Der Zug faucht in die Nacht.
So ist das Schicksal. Und ich bin erwacht.

In der Verabschiedung junger Damen ist Liliencron geübt. Sie sind für ihn Musen und Modelle. Er benötigt sie für seine Geschichten und seine Gedichte. Wie auf eine Perlenschnur gezogen ziehen sich ihre poetisch geschönten Namen durch sein Werk. Treue? Timm Kröger gesteht er: „Mit geradezu wahnsinniger Liebe umfasse ich das Weib, das ich liebe, aber immer ist es, nach wahren Orkanen auf dem Opferaltar Amors, bald vorbei sowie mich eine andere reizt."

Jetzt sitzt er im Zug nach Norden. Während seine Mitreisenden röchelnd schlafen, notiert er in sein Tagebuch: „München war das letzte Jahr meiner Jugend. Ich hatte hier den liebsten Sturm und Drang."

Detlev von Liliencron ist inzwischen 47 Jahre alt.

IN HAMBURG

Was für ein trister Empfang in Hamburg. Der Tag ist nass-
kalt und neblig. Augusta wartet am Bahnhof auf ihren
Mann. Ihr Aussehen erschüttert ihn. Leichenblass ist sie
und offensichtlich krank. Die Begrüßung ist kühl. Seinem
Freund Otto Julius Bierbaum schildert Liliencron noch am
Tag der Ankunft das Wiedersehen: „Ich hatte nur das eine
Gefühl: tot, tot so schnell wie möglich. Ich merkte deutlich,
dass mein Leben erloschen sei. Meine Frau, eine Heilige
gegen mich Scheusal."

Da er keine andere Unterkunft hat, zieht Liliencron zu Augusta, die bei ihrer Mutter in der Marienstraße Nummer 81 im
Stadtteil St. Pauli wohnt. Gegenüber Timm Kröger klagt er,
der Ort sei scheußlich, die Verwandtschaft ebenfalls. Wieder nennt er seine Frau „eine Heilige", die ihn liebevoll
versorgt. Gleichzeitig ist er entschlossen, sich von Augusta
zu trennen. Frei, frei will er sein. Nur ein Vorwand ist die
Behauptung, er verlasse seine Frau lediglich deshalb, weil
ihre Mutter eine üble Spelunke im Hafenviertel betreibe
und außerdem mit seinem Namen geprahlt habe.

Zum 1. Februar mietet sich Liliencron ein Zimmer im Altonaer Stadtteil Ottensen, Bei der Kirche Nr. 33. Seine
Katze, seinen Papagei und seinen Teckel, die Augusta
während des Aufenthalts in München versorgt hatte,

nimmt er mit. In unmittelbarer Nachbarschaft befindet sich an der Christianskirche Klopstocks Grab, und Liliencron fragt sich, was der berühmte Tote wohl zu den Gedichten seines Verehrers sagen würde.

Seit einem halben Jahr ist allerdings nichts Neues entstanden. Zu unruhig waren die letzten Monate in München, zu turbulent die ersten Wochen in Hamburg. Mehrere Umzüge, ständige Auseinandersetzungen mit Augusta und ihrer streitbaren Mutter. Hinzu kommt die übliche Suche nach Geld.

Und dann plötzlich dieser überraschende Glücksfall. Die in München lebende Sängerin und Schriftstellerin Hedwig Kiesekamp, eine Freundin Brahms' und durch Heirat gut situiert, schickt 500 Mark. Wenige Tage zuvor hatte er ihr geschrieben: „Zum Schriftsteller fehlt mir auch das geringste Talent. Und es ist wohl verzeihlich, dass ich mehr und mehr mich in den Gedanken einlebe, diesem ewigen Elend durch den Freitod zu entfliehen."

Liliencron bedankt sich überschwänglich für das Geschenk. Jetzt könne er in seiner „zweiten Periode" endlich wieder frisch drauflos dichten, sei finanziell „aus dem Schlimmsten heraus". Einen Teil des Geldes verwendet er für den Kauf von Aschenbechern und Schalen aus Kupfer und indischer Bronze. Wie er der edlen Spenderin mitteilt, erfreuen die Anschaffungen sein „schönheitsbedürftiges Auge" und schmücken seine „jämmerliche Umgebung".

Wie schnell sich die zunächst so stattlich erscheinende Zahlung aus dem wohlhabenden Hause Kiesekamp vermindert. Was Monate reichen könnte, ist nach kürzester Zeit verbraucht. Und der Mangel wirkt besonders schmerzhaft, wenn Liliencron bei seinen täglichen Wanderungen an der mächtigen Linde über Klopstocks Grab vorbei die Elbchaussee erreicht und die von gepflegten Parkanlagen umgebenen prächtigen Herrensitze der Hamburger Kaufleute sieht. Ihren Bewohnern wäre es ein Leichtes, neben den Gärtnern, Kutschern und Dienern auch noch einem Dichter ein sorgenfreies Leben zu erlauben.

Aber statt ins Theater lassen sie sich zur Börse fahren, und statt Gedichte lesen sie Bilanzen. Wie merkwürdig, jedes Mal, wenn er vor einer der Villen steht und den Bediensteten beim Fegen oder Harken zusieht, muss er an den von der Polizei verfolgten Zigarrendreher Hermann Molkenbuhr denken, der im Kellinghusener Gasthof *Tonhalle* an einem Abend vor sozialdemokratischen Anhängern flammende Reden über Ausbeutung und Unterdrückung hielt und mit dem er am Tag darauf angeregt über Goethes Lebenswerk diskutieren konnte.

Kehrt er von diesen Ausflügen nach Hause zurück, hält ihn nichts in seiner armseligen Stube. Er macht sich noch einmal auf den Weg, diesmal in die entgegengesetzte Richtung zu einem für seine vorzügliche Küche bekannten Restaurant, achtet bei der Bestellung nicht auf Preise, hinterlässt beim Trinkgeld den Eindruck, er lebe in einer der Villen am Elbufer.

Vierzehn Tage nach dem Eingang der 500 Mark ist das Geld verbraucht. Liliencron ist darüber selbst erstaunt. Er hatte damit gerechnet, dass ihm der Kaiser eine Rente bewilligt, aber sein Gesuch wurde abgelehnt. Da auch alle anderen

Quellen ausgeschöpft sind, wendet er sich schweren Herzens noch einmal an die Schillerstiftung.

Unter dem Datum vom 13. März 1891 verfasst er in sorgfältiger Schrift einen vierseitigen Brief an Generalsekretär Julius Grosse. Wie schon beim letzten Antrag bittet er um 400 Mark, mit der Begründung, er habe mit der Veröffentlichung von 14 Büchern in zehn Jahren keine 2000 Mark verdient und sei nicht einmal in der Lage, zur bevorstehenden Aufführung eines seiner Dramen nach München zu reisen. Weil er „frisch und offen" schreibe, liebe ihn das Vaterland nicht.

Im Generalsekretär hatte Liliencron bei vorangegangenen Bitten um Förderung stets einen Fürsprecher gehabt. Inzwischen aber hat er allen Kredit verspielt. Der Vorstand lehnt eine erneute Zahlung ab, und das Urteil der einzelnen Mitglieder ist unerfreulich: Der Bittsteller würde das Geld in München wieder verjubeln, die zweifellos vorhandene Begabung sei „arg verwildert". In der offiziellen Absage bleiben diese Standpunkte allerdings unerwähnt.

Einen Augenblick denkt Liliencron daran, das Schreiben aus Weimar an die Wohnungstür zu nageln. Als Botschaft für seine Gläubiger, die ihn schon wieder verfolgen. Er ist beim Speisen im teuren Restaurant gesehen worden, und die stattliche Rechnung ließ den Verdacht aufkommen, er sei zu Geld gekommen. Eine Ehrung vielleicht, endlich das oft angekündigte stattliche Honorar, vielleicht sogar eine Erbschaft von adliger Verwandtschaft. Die Folge ist eine Vorladung zur örtlichen Polizeistation. Zwei Gläubiger sind anwesend, der Beamte legt mehrere unbezahlte Rech-

nungen vor. Vom Kaufmann, vom Bäcker, vom Weinhänd-
ler. Der Herr Baron möge bitte die Außenstände begleichen,
und zwar auf der Stelle. Liliencron legt seine Geldbörse vor
und kann 15 Mark bereitstellen. Der Beamte droht, er werde
ihn in 14 Tagen wieder vorladen. Wenn er dann nicht mehr
zahle, sei eine Anzeige unvermeidlich.

Als Liliencron die Wache verlässt, sind seine Nerven derart belastet, dass er in Tränen ausbricht. In seinem Zimmer setzt er sich an den von der Breslauer Dichterschule
geliehenen, viel zu großen Schreibtisch und schreibt bis tief
in die Nacht Briefe und Gedichte, darunter *Der Kartäuser-
mönch* mit den Zeilen:

Ich lernte, daß kein Geld haben gleich ist
Einer armen, alten, ausgetrockneten,
Mürrischen, mutlosen, erblindeten, verhungerten
Achachherrje-Spinne
In Grabgewölben.

Noch ist er mit Augusta verheiratet, doch er will die Scheidung. Timm Kröger soll sie durchsetzen. Liliencron willigt
ein, monatlich eine Unterstützung zu zahlen. Allerdings nur
so lange, bis Augusta wieder heiratet, was sie nicht tun wird.
Wenn es etwas zu besprechen gibt, bittet er seine Frau zu
sich, ihre Wohnung in St. Paul meidet er, in erster Linie wegen der Umgebung und der Mutter, in deren Lokal „Kapi-
täne verkehren, die schlechten Sekt für teures Geld trinken",
wie er Timm Kröger schreibt. Er fürchtet um seine Ehre,
wenn die „unermesslich reiche, einzige … hochnasige aller-

erste Hamburger Gesellschaft" erfahren würde, woher seine Frau stamme.

Nachdem sie ihren Mann in Ottensen gegenüber Klopstocks Grab besucht hatte, wagt es Augusta, ihren Kummer Theobald Nöthig mitzuteilen. Am 21. März schreibt sie ihm, sie komme gerade von ihrem Gatten. Er sei enorm arbeitsam, und sie hoffe sehr, „dass es nun endlich so viel einbringen wird, dass wir wieder zusammen leben können". Sie liebe ihn nach wie vor, doch er behandele sie „in jeder Weise rücksichtslos".

Auf Liliencrons Drängen willigt sie zwei Wochen später in die Scheidung ein. Daraufhin schreibt er einen Brief an Timm Kröger: „Meine Frau war hinreißend schön, als sie endlich, endlich ihren Widerstand aufgab. Solche Augen sah ich noch niemals. Mir wollte das Herz brechen. Ich wollte schreien: ‚Komm, niemals wieder wollen wir uns trennen'. Ich wollte sie an mich reißen. Aber die Vernunft musste siegen. Sie sah es ein."

An den Freund Julius Bierbaum dagegen schreibt er: „Was die Weiber betrifft: Genießen, fortschmeißen."

Auf den Großvater, der mit unstandesgemäßer Heirat das Erbe verspielt hat, führt er diese „wilde Weiberlust" zurück.

Was wohl macht ihn bei jungen Damen eigentlich derart begehrt?

Er hat kein Geld und kein Schloss, ist nicht gerade schön von Gestalt, hat allerdings einen Titel und kann wunderbar erzählen, und er ist ein Dichter.

Sophie Rietscher heißt seine neue Eroberung. Sie ist gerade 17 Jahre alt geworden, lebt bei einer vornehmen alten Dame in einer Villa an der Elbchaussee. Pflegetochter und zugleich Kammerzofe ist sie. Liliencron nennt sie Fite, hat ihr, dem „kleinen lieben Tier", in seinem *Poggfred*-Epos einen ganzen Gesang gewidmet. Einfacher habe sich nie „so ein Affärchen eingeleitet". Ein „seltsam Geschöpf" sei ihm von einem fremden Stern zugeworfen worden. Es werde wohl sein letztes Liebes-Abenteuer sein, vermutet er voreilig.

* * *

Einst kennzeichneten bedeutende Namen das literarische Leben in Hamburg. Klopstock, Lessing, Matthias Claudius, für kurze Zeit auch Heine und Hebbel. Die Nachfolger blieben unbedeutend, das Geschäftliche verdrängt die Kultur. Das Theater bietet Biederes, Neues kann sich nicht durchsetzen, Experimente stoßen auf Ablehnung.

Liliencron verabscheut das Vereinswesen und lässt sich schließlich doch überreden, an der Gründung der Literarischen Gesellschaft teilzunehmen. Ziel der Vereinigung ist es, das Moderne in der Kunst zu fördern, in der Literatur vor allem. Lehrer machen mit, Musiker, Schriftsteller, Buchhändler. Durch Akklamation wird er in den Vorstand gewählt. Das Procedere erinnert ihn allerdings an die Torturen des Mittelalters: Herr Meyer hat das Wort. Ich habe noch zu bemerken. Wer dafür ist, hebe die rechte Hand.

Zur ersten öffentlichen Veranstaltung der Gesellschaft kommen 1200 Besucher. Liliencron hat seine bereits etwas abgewetzte Ausgehhose aufarbeiten lassen und von der Vermieterin gelbe Glacehandschuhe geliehen. Der Ablauf des

Abends gefällt ihm sehr, denn nach dem Auftritt des angesehenen Hamburg-Altonaer Gesangvereins lesen Schauspieler Gedichte von Annette von Droste-Hülshoff und Schoenaich-Carolath. Unter den Gästen sind auch zahlreiche Journalisten, „lauerndes Viehzeug", nennt sie Liliencron. Er vermutet, dass sie vor allem gekommen sind, weil sie „Unsittliches" erwarten, aber enttäuscht werden.

Noch wird es einige Wochen dauern, bis auch der Dichter Liliencron auf einer öffentlichen Veranstaltung der Literaturgesellschaft vorgestellt wird. Zunächst fragen die Reporter und Abgesandten der besseren Kreise, wer dieser kleine, nicht mehr ganz junge Poet mit den gelben Handschuhen und der im hinteren Bereich geflickten Hose sei. Von ihm werde man ganz gewiss noch Bedeutendes hören, lautet die Antwort, bereits jetzt habe er ein umfangreiches, leider wenig verbreitetes Werk geschaffen. Außerdem könne er von berühmten Literaten beste Referenzen vorlegen, pflege Kontakt mit Kollegen, von denen ebenfalls Großes zu erwarten sei.

Noch will keiner der Reporter von ihm wissen, was er gerade Bedeutendes und Großes schaffe. Er hätte sagen müssen, dass er an den letzten Kantussen des kunterbunten Epos *Poggfred* arbeite, und zusätzlich hätte er den von der Antwort Verwirrten verraten können, dass Poggfred mit Froschfriede zu übersetzen sei, was zu weiterer Verwunderung geführt hätte. Und für Heiterkeit hätte er gewiss mit der Bemerkung gesorgt, dass seine Hauptbeschäftigung in diesem Augenblick darin bestehe, jemanden unter den Anwesenden zu finden, der ihm das Fahrgeld für die

Heimreise mit der Pferdebahn vorstrecken könne. Leider fragt ihn niemand, folglich greift auch keiner in die Geldbörse, und er muss zu Fuß nach Hause gehen.

Der in Berlin lebende Schriftsteller Richard Dehmel weiß dagegen durchaus, dass der Freiherr von Liliencron ein ärmliches Leben führt. Als er ihn am 26. Oktober 1891 in Ottensen besucht, ist er dennoch vom Empfang überrascht. Der Herr Baron sei momentan nicht zugegen, lässt die Wirtin wissen und serviert Aalsuppe mit einer Flasche spanischen Wein. Die Größe des Schreibtisches überrascht ihn ebenso wie die aus Werken von Storm und Raabe verursachte Unordnung. 17 Seiten hat er im *Haidegänger* gelesen, als die Tür aufgeht und statt des erwarteten holsteinischen Hünen eine kleine Person eintritt mit Säbelnarbe auf der Stirn, kühnem „herbstlaubblonden Rittmeister-Schnurrbart" und Augen, „die in Schleiern schwimmen wie ein ewig blauer Montag". So notiert es der Gast in seiner Erinnerung an das erste Treffen mit dem späteren Freund fürs Leben.

* * *

Liliencron fragt nie zuerst nach dem Alter, aber nach der ersten Nacht stellt sich immer heraus, dass die neue Liebe 17 Jahre zählt. Dorette Möller lernt Liliencron im November kennen. „Mein Page" nennt er sie. Wenn die beiden am Abend zum Spaziergang aufbrechen, ist sie ein Er, verkleidet als Page. Einen echten Seemann aber führt man nicht hinters Licht. In einem Lokal auf St. Pauli wird die Täuschung entdeckt, und nur mit Mühe gelingt die Flucht. Im *Poggfred* wird aus der heiteren Episode eine grausige Bluttat:

Es fliegen Krüge, Bank und Bock. / Da trifft der Strahl statt mich, den Pagen tödlich.

Die stets altersgleichen jungen Frauen ahnen nicht, dass sie für Liliencron vorwiegend Modelle sind. Dienten sie einem Maler, sie könnten sehen, was aus ihnen wird. Beim Dichter sehen sie auf dem großen Schreibtisch, auf dem zerschlissenen Sessel, auf dem Fußboden oder auch auf dem Bett nur Papiere in einer Schrift, die sie nicht lesen können, auch gar nicht lesen wollen. Hin und wieder macht der Dichter den Versuch, ihnen etwas vorzutragen. Wenn es lustig klingt, hören sie eine Weile zu, aber meistens sind die Verse traurig oder unverständlich. Manchmal steckt die Traurigkeit an, dann bitten sie, er möge mit dem Lesen aufhören. Sagt der Dichter daraufhin gekränkt: Also gehen wir spazieren, krächzt der Papagei „spazieren, spazieren", und der Teckel läuft bellend zur Tür.

Auch vom Vater weiß Liliencron, dass er in den Büchern, die er ihm bei seinen Besuchen mitbringt, nicht lange liest. Die Gedichte beachtet er gar nicht. Ob er nicht etwas über Pferde habe, fragt er häufig. Pferde sind noch immer die Leidenschaft des mittlerweile 90-Jährigen, der nach wie vor rüstig genug ist, um mit einem Bekannten zur Rennbahn zu gehen. Manchmal begleitet ihn der Sohn, den das Publikum abstößt und dem es unangenehm ist, wenn der Vater am Wettschalter mit Herr Baron begrüßt wird, umständlich zwei Mark einzahlt, während hinter ihm Wartende ungeduldig mit großen Scheinen drängeln.

Zu den heiteren Erinnerungen an den Vater gehört ein zufälliges Treffen in einer Altonaer Gaststätte. Mit einem guten Bekannten, der im örtlichen Gericht mit viel Wohlwollen seine Zahlungsbefehle betreut, war er zu einem Glas Wein verabredet und entdeckte beim Betreten des Raumes den Vater. Er las in der Zeitung, und auf dem Tisch lag eine Ausgabe der gerade erschienenen Gedichtsammlung Der *Haidegänger*. Wie ihm denn das Buch gefalle, fragte beiläufig der Sohn. Erst jetzt erhob sich der Vater wie jemand, der etwas Wichtiges zu verkünden hat, legte dem Dichter geradezu zärtlich die Hand auf die Schulter und sagte freundlich: „Fritz, dat is allns Schiet."

* * *

Das Jahr 1892 beginnt schlecht. Nicht nur für Liliencron, auch für den Altonaer Gerichtsvollzieher. An den gewaltigen Schreibtisch würde er gerne sein Siegel kleben, aber der Schuldner kann ein Dokument vorlegen, aus dem eindeutig hervorgeht, dass es sich bei dem Möbel um eine Leihgabe der Breslauer Dichterschule handelt, was immer unter dieser Einrichtung zu verstehen ist. Ansonsten gibt es nichts von Wert in dem mit Büchern und Papieren übersäten Zimmer.

Den kurzen Gedanken, den heftig bellenden Teckel oder auch den aufgeregt krächzenden Papagei zu konfiszieren, verwirft der Beamte. Die Geldbörse lässt er sich noch zeigen, doch sie ist so gut wie leer. Der Säbel in der Ecke? Er hat selbst lange genug gedient, um zu ahnen, welche Komplikationen der Einzug einer solchen mit blutigen Erinnerungen verbundenen Waffe nach sich ziehen würde.

Besuche von Gerichtsvollziehern sind Liliencron nicht neu, wenngleich sie ihn stets aufs Neue erregen und beschämen. Der Anlass hat ihn diesmal jedoch überrascht, denn der Beamte kommt im Auftrag des Eckernförder Druckereibesitzers Schwensen. Bei ihm hatte er vor fast zwölf Jahren Gedichte und Geschichten drucken lassen, die er während seiner Zeit als Staatsdiener in Borby und auf Pellworm geschrieben hatte. Zwar waren wiederholt Mahnungen eingegangen, doch mit einer ernsthaften Eintreibung der so weit zurückliegenden Verpflichtungen hatte Liliencron nicht mehr gerechnet. Er empfindet die plötzliche Zwangsmaßnahme als übertrieben, ja sogar als ungerecht.

Wenn jemand bei offenbar florierendem Geschäft über so viele Jahre auf die Rückzahlung einer Schuld verzichten kann und zusätzlich wissen muss, dass sich der Schuldner in einer schweren Notlage befindet, dann sollte man nicht zum Äußersten, nämlich zur Pfändung schreiten.

Kaum hat der sich höflich gebende Gerichtsvollzieher mit einer Entschuldigung für die beim Dichten verursachte Störung das Haus verlassen, setzt Liliencron sich an den wieder einmal geretteten Schreibtisch und teilt dem Drucker Schwensen seinen Ärger mit. Er habe ihm doch bereits geschrieben, dass bei ihm nichts zu pfänden sei, weil er nur das besitze, „was die gesetzlichen Bestimmungen gestatten". Auch scheine der hochverehrte Herr Schwensen immer noch davon auszugehen, dass er, der Freiherr von Liliencron, ein Schriftsteller sei. Das aber sei nicht der Fall, weil er für diese Tätigkeit nicht das geringste Talent besitze, und wenn man ihn weiter quäle, werde er sein undankbares Vaterland verlassen. Sobald er dazu in der Lage sei, werde er natürlich seine Schulden bezahlen. Also, bitte Geduld! Und statt ihn zu drangsalieren, möge er doch ein paar freundliche Zeilen schreiben.

Seufzend gibt der Drucker Schwensen sein Geld verloren und ist sehr überrascht, als viele Jahre später alle seine Forderungen doch noch erfüllt werden.

* * *

Freiheit, Freiheit, ein Dichter dürfe sich niemals in die Fesseln einer Ehe einbinden lassen. Wie oft hat Liliencron dieses Glaubensbekenntnis verkündet. Und nun endlich ist er frei, sucht aber dennoch gleichzeitig ständig neue Bindungen außerhalb der ehelichen Konventionen.

Am 16. Januar 1892 erklärt das Königliche Landgericht zu Altona die Ehe zwischen Friedrich Adolph Axel von Liliencron und Augusta Anna Helene Meta geborene Brandt für aufgelöst.

Der Kellinghusener Bürgermeister Jargstorff, einer der wenigen Amtsträger seiner ehemaligen Wirkungsstätte, die Liliencron geschätzt hat, schreibt das Urteil an den Rand der Heiratsurkunde, ausgestellt am 2. November 1887. Vier Jahre hatte die Verbindung gehalten, die schon so lange keine mehr war.

Für Augusta bricht mit der Trennung eine Welt zusammen. Wenige Tage vor dem Urteil schreibt sie an den langjährigen

Briefpartner ihres Mannes, Theobald Nöthig: „Nie hätte ich das je für möglich gehalten, dass Detlev sich einst von mir trennen könnte. Wir waren doch so glücklich, jahrelang, trotz unsrer schrecklichen Geldnot. O, nimmer, nimmer hätt ich das geglaubt, und wenn alle Menschen auf der ganzen Welt mir das gesagt ... nie im Leben werd' ich ihn vergessen können."

Liliencrons finanzielle Lage hat sich nach der Trennung noch einmal verschlechtert, denn bei der von Timm Kröger juristisch und im kostenlosen Freundschaftsdienst begleiteten Scheidung wird verbindlich festgelegt, dass die vom Angetrauten mutwillig verlassene Ehefrau monatlich 75 Mark erhält. Sie werden direkt von der Pension abgezogen und reduzieren diese um zwei Drittel. Die Kosten für die neue Freiheit sind somit beträchtlich. An den Freund Nöthig schreibt er, er habe sich „wegen Armuth" scheiden lassen. Das sei „ein einzig dastehender Fall in der ganzen Weltgeschichte".

Vier Wochen nach der Scheidung trifft Liliencron bei einem Spaziergang an der mit Eisschollen bedeckten Elbe Henriette Löhndorff, 17 Jahre alt. Er nennt sie „Henni", und es ist wieder einmal die ganz große Liebe. Dem neuen Freund Richard Dehmel berichtet er von „seligen Nächten", die diesmal nicht ohne Folgen bleiben. Die Abtreibung bringt Henni an den Rand des Todes, gleich drei Ärzte kämpfen um ihr Leben. Liliencron kauft zwei Maibäume und stellt sie zu beiden Seiten ihres Bettes auf. Seine Verzweiflung drückt er in dem Gedicht *Der Maibaum* aus:

Sieht zu mir auf, beschirmt von Birkenzweigen:
Ich war dir treu, wir haben uns geglaubt.
Aus Wüsten zieht auf Wolken her das Schweigen,
Die Sense sirrt und sterbend sinkt dein Haupt.

Die Geliebte kämpft noch ums Überleben, da stirbt am 27. Juni fast 91-jährig der Vater. Zur Beerdigung auf dem Ohlsdorfer Friedhof kommt nur Augusta. An Timm Kröger schreibt Liliencron: „Er war ein einfacher Mann, aber voll eines guten, weichen Herzens, voller unendlicher Liebe zu mir; und bis zum letzten Atemzuge eine noble, ritterliche Natur, ein Kavalier. Seine silbernen Tanzsporen und sein altes Gesangbuch „for mein Louis" leg ich in den Sarg."

KURZ IN BERLIN

Obwohl er selbst zu den Ärmsten der Armen gehört, hat Liliencron in seinem Werk die sozial Schwachen vernachlässigt. In den Gedichten ebenso wie in den Erzählungen. Sein Personal stammt vorwiegend aus dem gehobenen Stand, zu dem er sich aufgrund seiner Herkunft selber zählt. In seinen Briefen empört er sich über Ungerechtigkeiten, in seinem Werk dagegen kaum. Zu den wenigen Ausnahmen gehört die Ballade *Pidder Lüng*, die im April 1892 im *Magazin für die Literatur des In- und Auslands* erscheint:

Der Amtmann von Tondern, Henning Pogwisch,
Schlägt mit der Faust auf den Eichentisch:
Heut fahr ich selbst hinüber nach Sylt
Und hol mir mit eigner Hand Zins und Gült.
Und kann ich die Abgaben der Fischer nicht fassen.
Sollen sie Nasen und Ohren lassen,
Und ich höhn ihrem Wort:
Lewwer duad üs Slaav.

Wenn eine Zeitung oder eine Zeitschrift ein Gedicht oder eine Geschichte abdruckt, gehen beim Autor zehn, manchmal sogar hundert Mark ein. Nicht immer in bar, zuweilen auch in Form von Briefmarken. Als Liliencron im März 1892 seinem Verleger Wilhelm Friedrich das in dreijähriger Arbeit fertig gestellte Manuskript des aus satirischen, ironischen und fantastischen Bildern bestehenden Epos *Poggfred* übermittelt, legt er eine Rechnung über 1000 Mark bei. Der Verleger antwortet mit einem Klagebrief. Das Geschäft laufe schlecht, die Kasse sei so leer, dass bald der Konkurs drohe. Ehe er seinem leider wenig nachgefragten Autor neues Honorar bewillige, müsse zunächst der bereits geleistete Vorschuss abgezogen werden. Statt der gewünschten 1000 Mark werde er daher nur 200 Mark zahlen.

In seiner Empörung schreibt Liliencron nach allen Seiten Briefe. Wie lange er wohl noch durch diesen „Schlamm von Armut" waten müsse? Wie soll man es ertragen, wenn nach jeder guten Rezension der Gerichtsvollzieher kommt, weil die Gläubiger Berge von Geld vermuten? Die Wohnungsmiete könne er nicht zahlen, nicht die Rasur, nicht den Flickschneider, nicht das Dienstmädchen, nicht das Restaurant. Dem klagenden Brief an den Dramatiker Ernst von Wildenbruch legt er eine forsch gedichtete Strophe bei. Sie trägt den Titel *Der unglückliche teutsche Tichter*:

Du hattest heute wieder nichts zu essen,
Dafür aß jeder Straßenstrolch sich satt,
Die gute Stadt, in der du eingesessen
Bringt dir sogar ein wütend Pereat (er gehe zugrunde)
Und möchte dich mit Haut und Haaren fressen:
Ganz recht auch, dass er keine Suppe hat.
Sein Hochmuth scheint uns gänzlich zu vergessen,
Er schreibt nicht mal für unser Wochenblatt.

Außerdem entwirft und verschickt er eine Anzeige, die allerdings nicht veröffentlicht wird:

„Ein deutscher Dichter, längst als solcher anerkannt, trotzdem ohne genügend Existenzmittel, 50 Jahre alt, unverheiratet, von Adel, Hauptmann a. D., sucht zum Herbst bei begüterter vornehmer Persönlichkeit Vertrauensstellung als Secretaire, Repräsentant, Verwalter eines unbewohnten Schlosses oder Herrenhauses oder dergleichen."

Träume sind das. Keine vornehme Persönlichkeit bietet ihm Beschäftigung, aber wenigstens der Betreiber eines kleinen Büros, das literarische Texte an Zeitungen und Verlage vermittelt. Der Verdienst ist gering, gestattet immerhin den Umzug in eine etwas bessere Wohnung. Sie liegt in Altonas Prachtstraße, der Palmaille. Hier lebt, wer es zu etwas gebracht hat. Die Häuser sind gediegen, wenngleich nicht so prächtig wie an der Elbchaussee. Hohe alte Bäume säumen die ruhige, breite Straße.

Das Haus Nummer 5 gehört dem Fräulein Elise Rehburg. Sie ist Schriftstellerin, schreibt nicht ohne Erfolg Romane der leichteren Gattung, das Epos *Konrad* hat ihren Namen bekannt gemacht. Unterm Dach hat Liliencron zwei Zimmer gemietet. Sie sind klein und niedrig, bieten aber einen Blick auf die Elbe. Zur Unterkunft gehören auch bescheidene Mahlzeiten.

Es ist eine Idylle mit einem armen Poeten, der mit seiner Wirtin über literarische Unterhaltung für den anspruchslosen Bürger spricht. Dabei sehnt er sich nach anspruchsvolleren Gesprächspartnern, die er nur brieflich erreicht. Mit Richard Dehmel ist der Kontakt besonders eng geworden. Liliencron schätzt seine Lyrik und Dehmel, im Hauptberuf Sekretär des Verbandes deutscher Feuerversicherungsgesellschaften, verehrt den neu gewonnenen Freund geradezu leidenschaftlich.

Erhält er eine Sendung mit Versen aus der Altonaer Dachkammer, eilt er verzückt zu Freunden und Bekannten und trägt die frische Dichterware vor.

Bereits mehrfach hat er Liliencron zu sich nach Berlin eingeladen. Als er das Reisegeld schickt, kommt der Umworbene endlich und wird im Kreis der um Dehmel versammelten Literaten, Maler und Musiker wie ein Besucher von einem anderen Stern bestaunt. Es sind bizarre Veranstaltungen, zu denen sich die Kunstschaffenden in Dehmels Pankower Haus oder im Restaurant *Das schwarze Ferkel* treffen. Der schon berühmte schwedische Dramatiker August Strindberg gehört dazu, auch der norwegische Maler Edvard Munch.

Welcher Kontrast zu Hamburg, ja, selbst zu München. Liliencron fühlt sich wohl, blüht auf, vergisst seine elende Lage daheim in Altona. Unterschiedlich nehmen ihn die meist jungen Literaten wahr. Einer nennt ihn einen „Bohemien vom Scheitel bis zur Sohle", einen anderen erinnert er an den „üblichen Typ des preußischen Offiziers in Zivil", immerhin vornehm und „in strengster Junkertradition erzogen", der Interessantes über die Zügellosigkeit und Verwilderung in Hamburg erzählen könne.

Beglückt, erschöpft und überladen mit neuen Eindrücken kehrt Liliencron Mitte August nach Altona zurück. Er ist vorbereitet auf das, was ihn erwartet, doch das Ausmaß der Seuche erschreckt ihn.

DIE SEUCHE

Die Temperaturen im August des Jahres 1892 erreichen an manchen Tagen die 30-Grad-Marke. Ein unerträglicher Gestank liegt dann über dem berüchtigten Gängeviertel, in dem die Ärmsten der 600 000 Bewohner der Stadt leben. Die sanitären Verhältnisse sind hier katastrophal. Die Toilette auf dem Hof wird von 50 oder mehr Mietern benutzt. Alle Abwässer werden direkt in die Fleete geleitet und gelangen von dort ebenfalls ungeklärt in die Elbe und damit in den Nutzwasserkreislauf. Es sind die besten Bedingungen für eine schnelle Ausbreitung des Cholera-Bazillus.

Als am 15. Oktober ein Sielarbeiter tot zusammenbricht und am folgenden Tag ein Kollege an den gleichen Symptomen stirbt, wird von den Ärzten im Eppendorfer Krankenhaus zwar Cholera diagnostiziert, aber die örtliche und damit harmlose Variante. Eine Woche später sind bereits 300 Todesfälle gemeldet. Jetzt stellen die Ärzte erschrocken fest, dass die gefährliche Cholera Asiatica als Seuche um sich greift. Robert Koch, der Entdecker des Erregers, wird zur Hilfe gerufen. Er besucht die Elendsviertel und fällt das vernichtende Urteil, in diesen Teilen der alten Hansestadt, die sich als moderne, aufstrebende Metropole darzustellen versucht, seien die hygienischen Zustände nicht anders als in den Slums von Bombay, der Brutstätte des Cholera-Bazillus.

In seiner Wohnung wäre Liliencron vor Ansteckung sicher, aber so, wie er sich einst auf den Schlachtfeldern mutig und leichtsinnig zugleich in den Kampf stürzte, reizt ihn auch jetzt die Gefahr. Henriette, die Geliebte, wohnt in einer Mietskaserne. Dorthin begibt er sich, bleibt sogar mehrere Nächte und erlebt das Grauen aus eigener Anschauung. Schon Tote und noch Sterbende werden unter dem Jammern der Angehörigen aus dem Haus gezerrt, Sanitätsbeamte verteilen mit Malerquasten Chlorkalk über Leichen und Betten und Tische und Stühle. Im Möbelwagen werden die Toten zum Ohlsdorfer Friedhof gefahren und nachts bei Fackelschein in Massengräbern verscharrt.

Auch Augusta ist erkrankt, sie hat das Glück, Platz im überfüllten Eppendorfer Krankenhaus zu finden. Liliencron betreut sie, bittet Timm Kröger um einen Geldbetrag und hat Anteil an ihrer Genesung.

Die eigene Erkrankung scheint nur eine Frage der Zeit. Er schreibt Richard Dehmel, wie seine literarischen Texte gerettet werden sollen. In einer gelben Mappe liege das letzte Gedicht *Die heilige Flamme*, das Gedicht *Einen Sommer lang* müsse man unbedingt suchen, und was er in den vergangenen drei Jahren geschrieben habe, sollte auf jeden Fall gedruckt und veröffentlicht werden.

An die 10 000 Tote fordert die Seuche, Liliencron vermutet sogar 15 000. Der Senat unternimmt größte Anstrengungen, die wahren Zahlen zu verschleiern, denn groß ist nicht nur der Verlust an Menschenleben, auch die Wirtschaft leidet schwer. Der Güterverkehr auf der Elbe und die Arbeiten im Hafen sind eingestellt, Schiffe, die während der

Cholera-Zeit aus Hamburg nach Amerika ausgelaufen sind, dürfen im New Yorker Hafen nicht festmachen und liegen auf Reede. Firmen haben ihr Personal entlassen, Hotels und Gaststätten sind leer. Die gesamte Fischerei ist zum Erliegen gekommen.

Erst Mitte September klingt die Epidemie ab. Für Liliencron ist damit der Zeitpunkt gekommen, das Erlebte literarisch zu verarbeiten. Mit viel dichterischer Freiheit, zugleich aber auch als dokumentarische Schilderung. Ein „erlebtes Gedicht" nennt er das umfangreiche Vers-Epos, das unter dem Titel *Die Pest* mit den Zeilen beginnt:

In einer asiatischen Riesenstadt
Bin ich auf meinen Reisen einst gewesen
Und während meines Aufenthalts dort
Schritt finster durch die Plätze, Höfe, Straßen
Ein schwarzer Engel viele Wochen lang.

Um Distanz zu wahren, hat er die Seuche in das von Robert Koch als eigentliche Brutstätte erwähnte Bombay verlegt. Geschildert aber hat er seine Hamburger Beobachtungen: Die betrunkenen Kapuzenmänner, die Leichen durch die Straßen tragen, das Aufschichten von Scheiterhaufen, das Ausheben der Massengräber, das Wehklagen der Hinterbliebenen, das Bemühen der „großen Handelsherren", das Ausmaß der Katastrophe zu verharmlosen.

Eingebaut hat er auch die eigenen Liebesnächte inmitten von Wehklagen und Tod. Und wie den Ort hat er die Personen verfremdet. Aus Henriette, die das Grauen überlebt, wird ein zartes Hindumädchen, dessen Leichnam er „den Höllenknechten" entreißt und auf einem eigenhändig aufgeschichteten Scheiterhaufen verbrennt. Erschüttert beobachtet der Erzähler, wie bei aufziehender Sonne „ein scharfer Wind jauchzend meines Mädchens weißen Staub auf seine raschen, unentweihten Flügel" nimmt.

Noch nie zuvor hat Liliencron politisch brisante Ereignisse zum Thema seiner Dichtung gemacht. Von dem Ergebnis ist er sehr angetan. Er schickt daher das Manuskript an den streitbaren, konservativen Publizisten Maximilian Harden, der gerade seine politische Wochenschrift *Die Zukunft* gegründet hat. Harden, bald ein heftiger Kritiker von Kaiser Wilhelm II., erkennt die Brisanz der eingereichten Verse und veröffentlicht das Gedicht am 1. Oktober 1892. Über die Reaktionen ist Liliencron zunächst erschrocken, freut sich dann aber doch über die Resonanz.

Zwar hatte auch das *Hamburger Fremdenblatt* über die Folgen der Epidemie berichtet, aber nur vorsichtig besorgt und ohne auf grausame Einzelheiten einzugehen. Also ganz im Sinn von Senat und Kaufmannschaft, denen daran gelegen ist, den guten Ruf der Stadt zu retten und der Konkurrenz in Bremen keine geschäftlichen Vorteile zu erlauben.

Mit Empörung wird daher von braven Hamburger Patrioten zurückgewiesen, was der als Nestbeschmutzer auftretende Dichter aus der Vorstadt Altona gesehen haben will. Betrunkene Kapuzenträger sollen rüde die Kranken und Toten transportiert haben? Nichts als Sensationsgeschwätz sei diese Behauptung. Zwar sei reichlich Cognac ausgeschenkt worden, aber nur, um den gefährlichen Bazillus zu töten und die Widerstandskraft der Leichenträger zu stärken. Außerdem sei das gesamte Gedicht „zu schwarz" und auch „nicht schön im ästhetischen Sinne", dazu überhaupt „nicht nothwendig", wie es in einem Leserbrief heißt.

Vielleicht werde er ja sogar vor den Staatsanwalt zitiert, fragt sich Liliencron. Zu seinem Bedauern kommt es dazu nicht, die kostenlose „Reclame" hätte er gerne in Anspruch genommen.

Ein wenig Werbung fällt dennoch ab. Um den Betroffenen der Seuche finanzielle Hilfe zu verschaffen, liefern Hamburger Künstler Beiträge für einen Sammelband. Der Gewinn aus dem Verkauf ist als Spende gedacht. Auch Liliencron will sich mit einem Gedicht beteiligen. Buchhändler kündigen jedoch an, sie würden das Buch nicht anbieten, wenn der Name des Nestbeschmutzers aufgenommen werde. Um das Vorhaben nicht zu gefährden, verzichtet Liliencron daraufhin auf eine Beteiligung an der guten Tat.

Der geliebten Henriette gefällt ihr literarisches Ebenbild als das auf dem privaten Scheiterhaufen verbrannte zarte Hindumädchen.

Als das Grauen endgültig vorbei ist, entdeckt Liliencron eines Tages, es ist der 12. Oktober in der hintersten Ecke seiner Brieftasche einen übersehenen Geldschein. Das gemeinsame Überleben hat er mit seiner Henni bereits mehrfach gefeiert, aber noch nicht das „Jünglings-Abschied-sessen". Sogleich nimmt er Feder und Papier, um dem „alten, lieben Kameraden" Theobald Nöthig den lustigen Einfall mitzuteilen. „Sie ist 17 ich 47", fügt er ausgelassen hinzu, und Henni schreibt an den Rand des Briefes, dass sie doch ein schönes Modell für das arme Hindumädchen abgegeben habe.

* * *

Von einem Mäzen hat Liliencron schon seit Jahren geträumt, und er hat sich den Wohltäter nach dem Vorbild des vermögenden Prinzen Schoenaich-Carolath in der Erzählung vom reichen Grafen Wulff Gadendorp literarisch geschaffen. Und plötzlich wird aus dem Traum Wirklichkeit. Der Freund Dehmel stellt einen Kontakt zum Verleger des *Berliner Tageblatts* her. Rudolf Mosse ist bereit, das Geschäftliche mit einer Wohltat zu verbinden.

Der Verleger überweist Liliencron in Raten 4000 Mark, in erster Linie bestimmt zur Schuldentilgung, und zwar gegen Quittungen, die dem Geldgeber vorgelegt werden müssen. Als Gegenleistung verpflichtet sich der Empfänger des Darlehens, alle seine Romane und Erzählungen so lange zum Abdruck in der Berliner Zeitung zur Verfügung zu stellen, bis der ansonsten zinslose Kredit durch die anfallenden Honorare abgetragen ist. Als erstes soll ein Roman geliefert werden. Liliencron stimmt zu und macht sich sogleich an die Arbeit:

Die arme Josepha, seiner Seffi aus Münchener Tagen nachempfunden, verlässt nach dem Verlust der Eltern ihre dörfliche Umgebung, um in der großen Stadt ihr Glück zu suchen, stürzt aber nach allerlei Liebeswirren ins Unglück.

Dem großzügigen Verleger gefällt der knappe Roman *Mit dem linken Ellenbogen* überhaupt nicht, auch eine Überarbeitung bringt keine Besserung. Für Zeitungsleser nicht geeignet, lautet das Urteil. Erst Jahre später wird die Erzählung um Liebe und Giftmord im Druck erscheinen; und mit den Einnahmen begleicht der Autor einen Teil der 4000 Mark.

Wie hoch sein derzeitiger Schuldenstand ist, kann Liliencron nur ahnen. Vielleicht 8000 oder 10 000 Mark oder mehr? Seit Jahren treiben Zinsen die ursprüngliche Schuld dramatisch in die Höhe. Wenigstens die besonders hartnäckigen, stets mit dem Gerichtsvollzieher drohenden Gläubiger können beruhigt werden. Innerhalb kürzester Zeit sind die aus Berlin eingegangenen 4000 Mark verbraucht. Liliencron ist über die Geschwindigkeit des Abflusses erstaunt.

Am 14. November meldet er Richard Dehmel das „Schlusskapitel eines Romans". Gemeint ist allerdings keine zur Veröffentlichung bestimmte Geschichte. Am Tag zuvor hatte er in Cuxhaven Augusta verabschiedet, und auf seinem Schreibtisch steht eine rote Rose, ein letztes Geschenk der Hauptperson seines nicht geschriebenen Romans, der eher ein Drama war. Ausgewanderte Verwandte haben Augusta überredet, nach New York zu kommen, als Hausdame. Die Baronin sei von einem reichen Paar adoptiert, berichtet Liliencron. „Mein Herz blutete", schreibt er. Es ist ein Abschied für immer.

Zu Beginn des neuen Jahres lernt er die Bauerntochter Anna Micheel kennen, die Augustas Nachfolge antritt. Er notiert: „Die Weiber, die Weiber. Und es ist doch das Schönste."

Wie der Schreibtisch dürfen auch die Uniform und der Säbel nicht gepfändet werden. Immer dann, wenn ihn die

Verzweiflung über Geld- oder Liebesnot befällt, schlüpft der Dichter Liliencron in die Rolle des Hauptmanns. Der Degen ist stets geputzt, die Uniform gebürstet. Er ist befugt, jederzeit beides in der Öffentlichkeit zu tragen.

Gerade noch hat er als Zivilist mit ausgebesserten Hosen das Hotel *Sankt Petersburg* verlassen, wo er Gast des verehrten Johannes Brahms war. Einen „Sechs-Fuß-Kerl" hatte Liliencron erwartet und dann einen „kleinen Rübezahl" vor sich gesehen, einen Künstler allerdings. Man spricht über die Möglichkeiten, weitere Gedichte zu vertonen, ohne jedoch eine Übereinkunft zu finden. Die bereits erfolgte musikalische Bearbeitung der Verse über die Sehnsucht und den Kirchhof kommt zur Sprache, ohne dass Liliencron erwähnt, wie sehr ihn noch immer die eigenmächtige Titeländerung seines Gedichtes „Tiefe Sehnsucht" in „Maienkätzchen" ärgert, die Brahms eigenmächtig vorgenommen hatte.

Nach einem solchen Besuch kann man sich nicht in karg möblierte Dachkammern zurückziehen. Daher legt Liliencron den bunten militärischen Rock mit den beiden Orden an und wandert trotz der winterlichen Temperaturen über die Palmaille, wird von jedem entgegenkommenden Passanten gegrüßt und kann auf dem Rückweg der Versuchung nicht widerstehen, in einem für seine vorzügliche Küche bekannten Restaurant einen erheblichen Teil des Geldes zurückzulassen, das eigentlich für die bereits rückständige Mietzahlung gedacht war.

* * *

Jahrelange Erfahrung hat Liliencron gelehrt, wie man überzeugende Bittbriefe verfasst. In Briefen an nur flüchtig bekannte ältere Damen muss Mitleid geweckt werden, bei Freunden sind burschikose Wendungen angebracht. Und Schreiben an Institutionen sollten solide klingen. Bei der Weimarer Schillerstiftung hat er bereits mehrfach angefragt, zunächst mit Erfolg, für die Jahre 1891 und 1892 erhielt er dagegen ablehnende Antworten, die ihn jedoch nicht entmutigten.

Im April 1893 stellt er einen neuen Antrag auf Förderung. Mittlerweile weiß er, dass der für die Vergabe der Gelder zuständige Verwaltungsrat vom Bittsteller überzeugende Gründe für sein Anliegen erwartet. Der Ton des Schreibens darf nicht zu grob sein, nicht unterwürfig, nicht allzu fordernd. Obwohl auch Ironie unerwünscht ist, wagt Liliencron die Bemerkung, nachdem verarmte Enkel und Urenkel von Schriftstellern gefördert worden seien, seien nun „kämpfende und ringende" Dichter an der Reihe.

In seinem Fall käme hinzu, dass ihn „zwei Thatsachen" in Not gebracht hätten: Zum einen sei sein Drama Der *Trifels und Palermo* trotz einer Zusage vom Münchener Theater noch immer nicht aufgeführt worden, und zum anderen sei er durch ungünstigen Vertrag an einen Verleger gebunden, der aus Geldmangel nicht zahlen könne.

Generalsekretär Julius Grosse hat das Schreiben mit Wohlwollen gelesen und für seinen Verwaltungsrat ein positives Gutachten erstellt. Die von Liliencron angeführten Gründe für seinen Antrag erkennt er ausdrücklich an, ist empört über den Verleger, der „lächerliche Honorare" zahle. Man müsse sich wirklich fragen, ob ein solches „Sklavenjoch" überhaupt erlaubt und nicht mit vollem Recht abzuschütteln sei.

„Ein wirkliches Talent von Eigenart und genialem Wollen" nennt er den Bittsteller. Die lyrische Studie über die Hamburger Cholera lobt er, und dem Band *Der Haidegänger* mit den Gedichten über Rungholt und *Die Musik kommt* bescheinigt er genialen Humor, Frische, Originalität und Kraft. Das Gesamturteil lautet: „Ein solch hervorragendes Talent sollte die Schillerstiftung nicht fallen lassen."

Die Forderung wird gebilligt, 400 Mark sollen gezahlt werden. 200 Mark erhält Liliencron direkt, die zweite Rate geht wie bei früheren Zahlungen an den Vertrauten Heiberg. Man hat schließlich seine schlechten Erfahrungen mit dem poetisch begabten, aber im Umgang mit Geld „verwilderten" Bruder Leichtfuß.

Im September findet auf der Münchener Hofbühne die lang erwartete Uraufführung des Dramas um den auf Burg Trifels gefangenen König Löwenherz statt. Einen Anlass zur finanziellen Förderung des Autors gibt das schon in der Kellinghusener Zeit entstandene Schauspiel allerdings nicht. Der Kritiker der *Allgemeinen Zeitung* spricht dem Schauspiel jeglichen dramatischen Charakter ab, und sein Kollege von den *Neuesten Nachrichten* stellt fest, der Dramatiker Liliencron bleibe hinter dem Lyriker eindeutig zurück. Nach zwei Aufführungen wird das Stück aus dem Spielplan genommen. Auch der finanzielle Ertrag für den Autor ist damit gering.

Als Liliencron von dem schwachen Echo hört, holt er einen Brief hervor, den ihm unter dem Datum vom 11. Juni 1886

Theodor Storm aus Hademarschen geschrieben hatte: „Das Pfingstfest soll doch nicht vorübergehen, ohne dass ich Ihnen meine Freude über Ihr ‚Trifels und Palermo' ausgedrückt habe. Ich habe es erst für mich allein und dann meiner Frau und zwei Töchtern und einer anderen Dame vorgelesen; ich kann Sie versichern, dass der Erfolg ein außerordentlicher war." Etwas mehr deutschen Patriotismus hätte sich Storm in der Gestalt des Stauferkaisers Heinrich VI. gewünscht.

* * *

Fast 50 Jahre ist Liliencron, und er mokiert sich über „die Alten". Die deutsche Lyrik „entfaltet sich zu den schönsten Blumen, und das Vaterland hat keine Augen, kein Ohr, keinen Geruch dafür". Die „Alten" verspotteten die jungen Dichter, deren Naturalismus werde gefürchtet. Hört denn keiner das Flattern der Siegesfahne auf allen Zinnen? In Gustav Falke, der noch seinem Brotberuf als Musiklehrer nachgeht, sieht er einen seiner Mitkämpfer. Ihm bescheinigt er „unglaubliches Talent", verleiht ihm den Ehrentitel „Künstler".

Liliencrons Urteil suchen aber auch Schriftsteller, auf die schon die Strahlen des Ruhmes fallen. Arthur Schnitzler schickt sein gerade entstandenes Schauspiel *Das Märchen* und erhält das erwartete Lob: „… war ich bis zur letzten Zeile gefesselt von Ihrem Stück mit allen Fibern… Ungemein fein haben Sie die Frauenfrage gestreift". Als Strindberg ihn in Altona besucht, notiert der Gast aus dem Norden anschließend in seinem Tagebuch: „Kleiner dicker Herr, Schmiss, unelegant, freundlich; nicht ganz echte angewöhnte und deshalb übertriebene Liebenswürdigkeit. Recht kritiklos…"

Dagegen steht eine Karte von Karl Kraus, der ihn „göttlicher Detl" nennt. Beinahe hätte ihn der berühmte Wiener Kritiker und Schriftsteller sogar in Altona besucht, sagt dann aber mit der Begründung ab, er fürchte einen erneuten Ausbruch der Cholera.

In literarischen Kreisen hat Liliencron mittlerweile einen hohen Bekanntheitsgrad. Veröffentlicht aber der Leipziger Almanach *Aus der Gesellschaft* ein Gedicht, erhält der Autor lediglich 20 Mark Honorar, und von seinen 14 erschienenen Büchern hat keines eine zweite Auflage erreicht, stattdessen liegen die meisten nach klagender Auskunft des Verlegers wie Bleiplatten in den Regalen.

Demnächst aber wird eine deutliche Verbesserung der finanziellen Lage erwartet. Ob mit 5000 oder gar 6000 Mark zu rechnen sei, fragt Liliencron zum Jahresanfang 1894 bei Richard Dehmel an. 2000 Mark seien für besonders drängende Gläubiger sogar umgehend erforderlich. Besucher haben Geld gekostet, und die für die Spaziergänge auf der Palmaille so dringend benötigte Uniform muss vom Schneider aufgearbeitet werden. Auch Erholungsaufenthalte in Bad Segeberg und Kiel sind geplant. Hinzu wird ein aufregendes, freudiges und zugleich kostspieliges Ereignis kommen.

Liliencrons Hoffnungen auf den Geldsegen stützen sich auf einen von Verehrern gegründeten Verein, der es sich zum

Ziel gesetzt hat, den geschätzten Dichter endgültig von allen finanziellen Sorgen zu befreien. Ein Regierungsrat Hanssen macht mit und sieht seine Aufgabe auch unter pädagogischen Gesichtspunkten. Um den in Geldangelegenheit offenbar nicht nur leichtsinnigen, sondern zusätzlich unerfahrenen Dichter auf den Pfad der Sparsamkeit zu führen, übt der ordentliche Beamte mit seinem Schützling das Einkaufen. Liliencron zeigt sich willig und ist zugleich empört. Ein Baron und geschätzter Poet muss einen für Arbeiter und Matrosen bestimmten Laden betreten. Die erworbenen Hemden und Unterhosen aus hartem Leinen drücken und scheuern bereits bei der ersten Benutzung. Und was werden die Damen sagen? Zumindest kichern werden sie.

An der nächsten Einkaufsstation in der dem einfachen Volk vorbehaltenen Altonaer Johannisstraße erwirbt man gemeinsam einen Regenschirm. Ein scheußliches Stück, wie für acht Mark nicht anders zu erwarten. 20 Mark hatte er für den letzten, verloren gegangenen Schirm ausgegeben. Doch damit nicht genug, selbst in schlechtesten Zeiten hatte er sich Zigarren für zweieinhalb Silbergroschen gegönnt, jetzt gibt ihm ein preußischer Beamter, der außerdem zu seinen Verehrern zählen will, den dringenden Rat, nur noch Fünf-Pfennig-Zigarren zu rauchen.

Lohnt bei diesen Einschränkungen das Weiterleben überhaupt noch?

Kaum begonnen, sind die pädagogischen Bemühungen auch schon gescheitert, und gescheitert ist auch bald die gesamte Hilfsaktion. Statt der erhofften 6000 oder zumindest

5000 Mark fließen nur wenige 100 Mark in die Spenden-kasse.

Zur Enttäuschung kommt Ärger hinzu. Prof. Emil Wolff, Direktor des Schleswiger Domgymnasiums, selbst dilettie-render Dramatiker und Lyriker, vor allem Rezensent des *Hamburgischen Correspondenten*, hat vernichtende Kritiken über Liliencrons Gedichte geschrieben. Sie seien das Papier nicht wert, auf dem sie gedruckt werden, lautet sein Urteil. Ein Scheusal nennt ihn daraufhin der so heftig Angegriffene und rächt sich für die Ewigkeit mit einer Strophe im 6. Kan-tus des *Poggfred*-Epos:

In Oberlehrerdramen ist er Meister,
Gedichte leimt er auch, salbt Wort an Wort,
Wie jeder Deutsche aus dem ältesten Kleister,
Mit allem Epigonensenf an Bord.
Emil, Emil, kein Drache speit so giftig.
Was that ich dir? Ist deine Wut den triftig?

Ganz scheußlich sei das ja, 50 Jahre alt zu werden. Der Jubilar „macht Rechnung", bereitet sich aufs Grab vor, wie er Timm Kröger schreibt. Dazu gehört auch ein Besuch beim vertrauten Sanitätsrat. Der stellt fest: „Herz und Lun-gen gesund wie beim Waldesel, nur etwas vollblütig in den Brustvenen". Trotzdem macht Liliencron einmal mehr sein Testament. Dem Freund Dehmel teilt er mit, dass er das auf Elfenbein gemalte Bild der Großmutter mütterlicherseits erben werde.

Bereits drei Tage vor dem Geburtstag geht das erste Geschenk ein: Aus Frankfurt schickt ein Anonymus eine Flasche Pommery mit dem „Befehl", der Jubilar möge sich zu dem Getränk ein schönes Mädchen einladen. Bei den 17-Jährigen ist die Suche mittlerweile schwierig geworden, denn die Uniform passt nicht mehr, und vor seinem Aussehen warnt er selbst Timm Kröger: „Wenn wir uns jetzt wiedersehn, so werden Sie erschrecken: Mein Gesicht ist so dick und rosig geworden, dass ich für einen Schlachtermeister oder Feldwebel gehalten werde. Immer besser als für einen Dichter." Was zieht ihn im Anschluss an den Geburtstag eigentlich nach Kiel? Im *Poggfred* reimt er:

Was soll ich mich denn viel um sie bekümmern,
Die Kindheitsstätten liegen längst in Trümmern.
Nach Krusenrott, Dorfgarten (Alles hin)
Will ich nicht missvergnügt die Schritte lenken;
Und Düsternbrook lag niemals mir im Sinn,
Ich hasse es, solange ich nur kann denken.

Und in dem Gedicht *Wandlungen* nimmt er die Erinnerung an die Kindheit noch einmal auf: Alles habe sich verändert und nicht zum Besseren. Der Ahornbaum am Elternhaus sei verschwunden, „selbst da, wo ich's erste Mädel geküsst, hat eine Kirche hingemüßt", und auch die Menschen, die er einst gekannt habe, seien kaum wiederzuerkennen:

Alle waren schon grau und alt.
Es lag ihnen auf der Stirn ein Spalt,
Den die Sorgen hineingemeißelt.
Den das Leben hineingegeißelt.
Sprachen sich zwei im Vorübergehn,
Oder sah ich drei beieinanderstehn,
Hört ich nur stets von „Geschäft gemacht"
Von zweihundert, sechstausend Mark, drei Mark acht.
Da rannt ich von dannen und lief wieder fort
Aus meinem verzierbauten Heimatort.

Und doch kann er Kiel mit einer guten Nachricht verbinden:

Am 2. Juli 1894 erreicht ihn eine Depesche aus Altona: Drei Tage zuvor ist er Vater einer Tochter geworden. Sechs Wochen früher als erwartet. Im Geburtsregister des Standesamtes Hamburg-Eimsbüttel steht als Name Abel Wiebke Anita Sylvestra Baronesse von Liliencron. Die Eltern sind Friedrich Adolph Axel Baron von Liliencron und Anna Catharina Baronin von Liliencron geb. Micheel, beide lutherisch.

Auf dem Papier scheint alles seine Ordnung zu haben, in Wirklichkeit gibt es weder Baronesse noch Baronin. Noch zwei Wochen vor Geburt der Tochter teilte er dem Freund Dehmel mit, dass er die Mutter „natürlich" nicht heiraten werde, um sie nicht unglücklich zu machen, „wie alle Weiber, die ich fester an mich kette".

Das Hotel in Kiel kann er erst am 4. Juli verlassen, weil er kein Geld hat, die Rechnung zu bezahlen. Zwei Bekannte, auf deren Hilfe er gehofft hatte, sind verreist. Er kann den Oberkellner schließlich überreden, ihm den benötigten Betrag zu leihen. Ohne Blumenstrauß besucht er Mutter und Kind. Als er seine Tochter das erste Mal sieht, begeistern ihn die „herrlichen blauen Augen", aber er glaubt auch, „einen bösen Liliencronschen Zug" in ihrem Gesicht zu erkennen. An Dehmel schreibt er: „Ich hatte nicht die geringste Freude. Wegen der Kosten nämlich."

Kosten, Kosten, immer wieder das Geld. Damit es seine Tochter einmal besser hat, schließt er für sie eine Versicherung ab. Für eine Prämie von jährlich 109 Mark soll sie an ihrem 20. Geburtstag 3000 Mark ausgezahlt bekommen.

ALTE KAMERADEN

Als im Juni 1895 der Nord-Ostsee-Kanal eingeweiht wird und halb Hamburg zum Festplatz strömt, bleibt Liliencron der Feier mit dem Kaiser fern. Das Gedränge schreckt ihn ab. Er notiert jedoch, es sei „ein stolzes Gefühl, in diesen Tagen ein Deutscher zu sein".

Am 2. September aber, dem 25. Jahrestag des Sieges bei Sedan und der Festsetzung von Napoleon III., da schrecken ihn keine Massen. Er nimmt den Roten Adlerorden mit Schwertern und das Eiserne Kreuz aus der Schublade, poliert beide Orden, blickt betrübt auf die noch immer nicht erweiterte Uniform und befestigt die Auszeichnungen an seinem besten zivilen Rock. Zusätzlich steckt er eine rote Rose ins Knopfloch, setzt die ebenfalls etwas eng gewordene Militärmütze auf, schlüpft in die von der hübschen Hutmacherin aus der Nachbarschaft geliehenen Glacehandschuhe, ist mit seinem Anblick im Spiegel nur mäßig zufrieden und stürzt sich ins Getümmel. Die Blasmusik gefällt ihm, die Reden gefallen ihm. Er stimmt in Hochrufe auf den Kaiser ein, legt beim Vorbeimarsch der Ehrenregimenter die Hand mal aufs Herz, dann zum Gruß an die Mütze. Von unbekannten Veteranen lässt er sich am Abend in ein Ausflugslokal ziehen, an dessen Tischen ganze Schlachten und einzelne Angriffe nachgestellt werden.

Da er bei Sedan direkt leider nicht mitgekämpft hatte, schildert er unter Verwendung eines Aschenbechers und mehrerer Bierdeckel den erfolgreichen Vorstoß seines Regiments No 81 auf die strategisch wichtigen Dörfer Chably und Bivouac. Wie verschreckte Tauben seien die Granaten herangeflogen, hätten jedoch keinerlei Schaden angerichtet. Wo denn nur das verdammte 1. Corps stecke, habe immer wieder der Major gerufen, allein für diesen Einsatz habe man sich doch so weit an die feindlichen Linien vorgewagt. Das Corps aber sei schon lange in Richtung Metz abgezogen.

Zwar ist Liliencron der beste Erzähler, gegen die Teilnehmer der Sedan-Schlacht kann er sich dennoch nicht durchsetzen, zumal einer sogar, wenngleich nur stockend und gewiss nicht zum ersten Mal, die Gefangennahme Napoleons schildert.

An diesem Tag sei er endlich einmal stolz auf sein „Bären- und Barbarenvolk" gewesen, schreibt er Rudolf Dehmel.

Ach, wäre doch immer Sedan-Fest. Wie sehnt er sich an solchen Tagen nach den ehemaligen Kameraden. Was für ein Fehler war es doch, den Abschied einzureichen. Gewiss wäre er jetzt bereits Oberst im Generalstab, hätte keine finanziellen Sorgen.

Die Uniform, sie muss sofort zum Schneider und passend gemacht werden. Perfekt muss sie sitzen, denn ein Ereignis steht bevor, das die Sedan-Feier in den Schatten stellt: Am 18. Januar trifft sich das 81. Regiment in Frankfurt, zur Erinnerung an den 25. Jahrestag des erfolgreichen Kampfes um die Stadt St. Quentin.

Ich komme, ich komme, ich komme, hat Liliencron in seiner Antwort auf die Einladung geschrieben. Von dem mit der Organisation betrauten Kameraden Rudowsky will er ständig neue Einzelheiten wissen. Ob Achselstücke auf der Uniform erwünscht seien? Oder nur Epaulettes? Ob es zu prahlerisch wirke, wenn er den Busch trage? Leider, leider dürfe er ja nicht mehr die Schärpe anlegen, obwohl doch sie der schönste Schmuck des Offiziers sei. Geradezu toll vor Freude sei er bereits jetzt. Den „ganzen Dichterkram" würde er hingeben, könnte er wieder Soldat sein. Er höre schon die Trommeln schlagen und die Hörner schreien.

Als der große Tag schließlich anbricht, werden selbst die hochgesteckten Erwartungen noch übertroffen. Und welche Überraschungen bei den Kameraden. Hinter dem Dichter Detlev Liliencron, dessen Kriegsnovellen in der Kompaniebücherei stehen, verbirgt sich unser Friedrich! Wer hätte eine derart steile Karriere geahnt.

Stets war er in Geldnöten, und jetzt ist er bestimmt ein reicher Mann und trotzdem sparsam, wie sich an der aufgearbeiteten Uniform leicht erkennen lässt. Und obwohl er nun gewiss in den besten Kreisen verkehrt, hat er die alten Kameraden nicht vergessen. Man erkennt es an der Begeisterung, mit der er bei der Parade seine frühere Kompanie anführt, und als das aktive Regiment an den Veteranen vorbeimarschiert, gelingt es ihm nicht, die Tränen zurückzuhalten.

Da der frühere Kamerad so berühmt geworden ist, sitzt er beim Diner noch vor den Majoren, und beim Gottesdienst darf er in der vordersten Reihe Platz nehmen.

Schon während der Predigt entstehen in Gedanken die ersten Verse über die an den Altar gelehnten Regimentsfahnen, später folgt unter dem Titel *Tragisches Liebesmahl* die gereimte Erinnerung an das abendliche Beisammensein:

Und der Älteste von allen
Läßt die starke Stimme schallen,
Hebt das Sektglas, ruft uns zu:
Alte liebe Kameraden!
Wohl zum letztenmal vereint,
Haben wir uns eingeladen.
Hundsfott, Kinder, wer da weint.

„Mein Herz ist zu voll, zu unbeschreiblich voll", gesteht er der Schriftstellerin Anna von Krane am letzten Tag des Treffens. Die Freundin und Verehrerin hatte ihm das Geld für Reise und Aufenthalt bei den Kameraden geschenkt.

* * *

Den Leipziger Verleger Wilhelm Friedrich hält Liliencron für einen seiner besten Freunde und gleichzeitig auch für einen seiner größten Feinde. Er hat Friedrich vertraglich zugesichert, alle seine Texte, ob Lyrik oder Prosa, zur Veröffentlichung zu überlassen. Nur das Recht auf Vordruck in Zeitungen und Zeitschriften blieb ihm erhalten. Im Gegenzug erwartet er, dass der Verleger ihm immer dann Geld zur Verfügung stellt, wenn er wieder einmal in höchster finanzieller Not ist. Er geht davon aus, dass sein Konto stets gefüllt ist, der Verleger dagegen muss ihn immer aufs Neue vom Gegenteil überzeugen.

Trotz der häufigen Meinungsverschiedenheiten kommt die Trennung überraschend. Am 27. November 1895 teilt Friedrich mit, dass er seine Rechte an Liliencrons Werken an die jungen Berliner Verleger Schuster und Löffler verkauft hat. Für 10 000 Mark. Einschließlich 5700 bisher unverkaufter Bücher. Obwohl Liliencron vom neuen Verlag 1200 Mark für einen Gedichtband erhält, bittet er wenige Wochen nach Vertragsabschluss um einen Vorschuss von 200 Mark. Als Begründung nennt er eine „infame Sektschuld", die er an einem „blödsinnigen Abend" gegenüber einer schönen Frau eingegangen sei.

Die Bitte verbindet er mit der Zusage, mit Beginn seiner zweiten Dichter-Periode sei aus dem Bruder Liederlich ein Bruder Vernünftig geworden. Bei seinen „wundervollen, unvergeßlichen Regimentstagen" in Frankfurt habe er auf seine „erloschene Jugend" das letzte Glas Pommery geleert. Die neuen Verleger zahlen, fühlen sich aber geschäftlich geknebelt, weil die Rechte für Veröffentlichungen von Liliencrons Texten in Zeitungen noch beim Berliner Verleger Mosse liegen.

Obwohl sich Liliencron über den Verkauf „wie ein Stück Vieh auf dem Markt" zunächst geärgert hat, erkennt er schnell die Vorteile des Wechsels. Schuster und Löffler geben beträchtliche Summen für Werbung aus, und der Bekanntheitsgrad ihres neuen Autors steigt. Und damit auch der Verkauf seiner Bücher. Die Kriegsnovellen werden sogar an den Bahnhöfen angeboten. Liliencrons Einnahmen bleiben dennoch gering.

Und daher wendet er sich im Februar 1896 einmal mehr an die Schillerstiftung. Diesmal mit einem knappen, nüchternen Schreiben, in dem er den Übergang von einem Verlag zum anderen als Grund für seine „augenblicklich sehr fatale Situation" anführt.

Ob ihm diese Bittbriefe unangenehm sind? Nein, sie sind eher zur Routine geworden. So wie andere Leute zum Dienst gehen, um Geld zu erwerben, versucht Liliencron schriftlich „Geldquellen" zu erschließen. Manchmal wünscht er sich allerdings zu erfahren, wie man über ihn spricht, ehe sein Gesuch angenommen oder abgelehnt wird.

Von der Schillerstiftung mit dem von ihm herzlich gehassten Paul Heyse erwartet er nichts Gutes. Dabei hat sich Generalsekretär Professor Dr. Julius Grosse im Laufe der Jahre zu einem Verehrer entwickelt. Hatte er frühere Anträge auf Förderung nur mit beträchtlichen Bedenken befürwortet, rühmt er den Bewerber nun in den höchsten Tönen. Einen „gottbegnadeten Poeten" nennt er ihn. Diese „Plastik der Sprache", diese Naturstimmung und Leidenschaft, dieser Humor, dieser Farbenglanz. In der gesamten jüngsten Generation kenne er keinen, „der ihm nur von ferne gleichkommt".

Der Generalsekretär ist so begeistert, dass er seinem Verwaltungsrat empfiehlt, die erbetenen 400 Mark nicht nur einmal zu gewähren, sondern für mehrere Jahre als Pension zu zahlen. Das sei auch deshalb zu verantworten, weil sich der bisherige „leichte Reiter" mit inzwischen 52 Jahren „wohl endlich die Hörner abgelaufen hat" und in seiner künstlerischen Leistung ständig gestiegen sei.

Einverstanden, einverstanden, melden die Mitglieder des Verwaltungsrats aus Wien und Köln, Berlin und Weimar und Dresden. Aber keine Pension auf längere Zeit soll es sein, Paul Heyse legt darauf besonderen Wert.

* * *

Auch wenn er gar nicht gefragt wird, berichtet Liliencron, dass es seiner geschiedenen Frau Augusta sehr gut gehe. Sie lebe bei reichen Verwandten in New York.

Theobald Nöthig, dem Bekannten aus gemeinsamen Tagen, teilt Augusta dagegen mit, es habe ihr in New York nicht gefallen, deshalb sei sie nach New Orleans gezogen und habe bei einer allein stehenden Dame Beschäftigung als Gesellschafterin gefunden. Den ganzen Sommer sei man gereist, Chicago habe ihr am besten gefallen. Von der im Mai 1893 eröffneten Weltausstellung sei leider nicht mehr viel zu sehen, fast alle Gebäude seien abgerissen oder mutwillig in Brand gesetzt worden.

Und Detlev sei nun Vater. Der Ärmste, aber jedenfalls soll es mit seinen Büchern ja etwas besser laufen. Trotz aller Fehler könne sie ihm nicht böse sein. „Er ist eben etwas anderes als andere Menschen, er ist ein Dichter."

Und der Dichter wird gerade von einer neuen Muse geküsst. Es ist Sommer, Juli 1896. Der Freund Dehmel, an merkwürdige Briefe gewöhnt, erhält aus Altona besonders kuriose Zeilen: „Ein Märchen, ein Märchen ..., wo bin ich ... Eine junge Königliche Hoheit ... reizend, groß-groß-groß-groß-denkend über klein Abel. Ein Märchen von einem anderen

Stern." Fräulein Welsch nennt Liliencron die märchenhafte Muse, 22 Jahre alt, mehr will er nicht verraten. Nur noch soviel: Sie schreibt, spricht Italienisch, Englisch, Französisch, ist „eine reine keusche Seele, kerngesund, speist und trinkt gerne, schwimmt und lacht, haßt George Sand und zieht Schubert Schumann vor".

Das Paar reist nach St.-Peter-Ording. Liliencron offiziell als Kammerherr. Seinen Verlegern schickt er von dort eine Ergänzung zum kunterbunten *Poggfred*-Epos, mahnt Sorgfalt bei den Kommata an und berichtet, dass sich gerade die Hausknechte von zwei Hotels geprügelt haben. Daran zeige sich wieder einmal, wie „blödsinnig" die Friedenstheorie der Bertha von Suttner sei, bei der er vier Jahre zuvor zum Tee geladen war und die zu seinen Verehrerinnen zählt.

Nach den märchenhaften Tagen in St. Peter reist Liliencron mit „der Göttin" nach Berlin. Stellt sie dem Freund Dehmel und den Verlegern vor. Endlich quälen ihn einmal keine Geldsorgen, denn das Fräulein Welsch zahlt und zahlt.

Wie die Zeit verstreicht. Abel Wiebke ist nun schon zwei Jahre alt. Mutter und Tochter leben in gesunder Dorfluft vor den Toren Hamburgs. Der Freund Gustav Falke hat ihnen Unterkunft bei Verwandten, einem alten Gärtnerehepaar, verschafft. Nur zu gerne würde er mit seiner kleinen Familie zusammenleben, behauptet Liliencron, aber er könne sie nicht ernähren. Insgeheim ist er jedoch froh, noch ein wenig seine Freiheit zu genießen.

Von Anna und der Tochter lässt er Fotografien anfertigen und verschickt sie an Freunde. „Mein kleines Mädel ähnelt total einem Kinderbild von mir", schreibt er dazu. Und daneben diese „treue, unglaublich gute, kluge, geduldige Anna". Sobald er eine „gute Stelle" gefunden habe, werde er die Familie nachholen. Und nach einer „Stelle" hält Liliencron tatsächlich Ausschau, bittet sogar Kollegen um Mithilfe. Da man in deutschen Landen von der Kunst nicht leben könne – es sei denn, man ist „gangbarer Dramatiker" – würde er bei den Angeboten nicht wählerisch sein. Nur Beamter, nein, Beamter möchte er auf keinen Fall noch einmal werden. Diese bürokratische Langeweile, dieses grässliche Philistertum.

Aber sucht er wirklich „eine Stelle"? Träumt er wirklich davon, Lebensgefährtin und Kind zu sich nach Altona zu holen? Mal sehnt er sich danach, dann wieder gar nicht. Er will weg „aus dieser Backsteinwüste", will „aufs einsamste Land" ziehen. Auch in der Hoffnung, dass die „eklig gewordenen Gläubiger" ihn dort nicht finden. Er stellt sich sogar schon den Tagesablauf vor: Um 13 Uhr Frühstück mit Curry und Reis, um 16 Uhr Abendessen, dazwischen Arbeit in einem Zimmer mit absoluter Stille und einsame Spaziergänge.

Träume, nichts als Träume sind das. Und warum lassen sie sich nicht verwirklichen? Der Dichter Detlev von Liliencron, immer noch allein in einer kaum möblierten Dachgeschosswohnung lebend, ist schließlich berühmt geworden. Nicht nur in Deutschland. Im Januar 1897 hält Rainer Maria Rilke im Deutschen Haus in Prag einen Vortrag über ihn. Der Saal ist überfüllt, die Begeisterung groß, von den Einnahmen gehen 300 Mark an Liliencron. Zusätzlich rühmt

Rilke im Prager *Deutschen Abendblatt* das *Poggfred*-Epos. Ein „Wunderbuch" sei es, die Zeilen seien gefüllt mit „großer Hünenkraft".

Aber der Ruhm geht noch viel weiter. Eine hochrangige Persönlichkeit, die unbekannt bleiben will, gibt bei dem Maler Momme Nissen ein Porträt des Dichters Liliencron in Auftrag. In der angesehenen Berliner Galerie Schulte soll es ausgestellt werden. Herrlich sei das Werk geworden, jubelt der Porträtierte und ist davon überzeugt, dass es selbst der Kaiser und die Kaiserin bestaunen werden. Seinen Verlegern erteilt er den Auftrag, alle, die sich für ihn interessieren, in die Ausstellung zu schicken. „Gott, ich werde berühmt – clumbumbulus, wir sind entdeckt."

Und auch das ist noch nicht alles. Zum Bild kommt der Ton. Ein Phonograph hat die Stimme des Dichters auf die Walze gebannt. Er liest die Gedichte „Die Musik kommt" und „Auf der Kasse". Köstlich, köstlich klinge sein Krächzen, teilt er Freunden mit und lädt zum gemeinsamen Genuss des tönenden Kunstwerks.

An Schuster und Löffler geht noch eine zusätzliche Nachricht. Er habe mittlerweile 15 Jahre lang wie ein Vulkan Dichtung ausgestoßen. Jetzt sei er ermattet, werde erst wieder tätig, wenn die „kleinen Restschulden" beglichen seien. Ein „paar tausend Mark", vielleicht auch ein wenig mehr. Die Verleger wissen inzwischen allerdings, was sie von Drohungen und Forderungen dieser Art zu halten haben.

* * *

Richard Dehmel ist inzwischen Liliencrons engster Vertrauter. Die gegenseitige Bewunderung ist schier grenzenlos, auf Dehmels Seite ist die Verehrung besonders groß. Angriffe auf Liliencron verzeiht er nicht. Um Haaresbreite wäre an dieser Einstellung sogar die Beziehung zu seiner späteren Frau zerbrochen. Es ging wieder einmal um Geld. Da er wegen seiner Hilfe für den erneut von Gläubigern bedrängten Freund finanziell bereits erschöpft ist, bittet er die reich verheiratete Ida Auerbach um eine Unterstützung des verehrten Dichters. „Ein paar Hundertmarkscheine", möglichst 500 Mark, würden reichen, um den unverschuldet in Not geratenen Poeten vor seinen Gläubigern zu retten.

Rettung sei in Sicht, meldet Dehmel daraufhin voreilig dem Freund, der in der jungen und hübschen Frau eine alte, sehr reiche Dame vermutet. Doch im Hause Auerbach lässt sich der gewünschte Betrag nicht auftreiben. Wohlhabende Bekannte werden um Mithilfe gebeten, darunter der Verleger Mosse, was sich als Fehler erweist, denn der erinnert sich noch sehr gut an 4000 Mark, die er dem Dichter gegen die Zusage gezahlt hat, einen Roman und andere Geschichten für den Abdruck in seinen Zeitungen zu liefern. Auf diese Gegenleistungen aber wartet er noch immer. Mittlerweile im Zorn, den er an die Bittstellerin weitergibt.

Statt der erwarteten 500 Mark erhält Richard Dehmel von der verehrten, noch „gnädigen" Ida Auerbach eine Absage, die den Satz enthält, es gebe offensichtlich würdigere Bedürftige, die Unterstützung verdienten, als der von ihr als Dichter durchaus geschätzte Detlev von Liliencron.

Dieses Schreiben versetzt den Verehrer Dehmel in allergrößte Erregung, die er der Angebeteten sogleich in einem langen Brief mitteilt. Zunächst ist er empört darüber, dass Ida Auerbach Fremde in den Hilferuf eingeweiht hat. Ob sie denn nicht wisse, wie gerade in Berlin „ein Mensch verfemt wird, der sich nicht mit Würde ins Alltägliche zu schicken weiß". Nicht würdig soll dieser Mensch sein? Glaube die gnädige Frau, dass er, der Dichter Richard Dehmel, seine Freundschaft „an Hundsfotte" wegwerfe? Sich für jemanden einsetze, dessen ganzes Leben nicht „wie eine Bibel vor mir offenliegt"? Ob die gnädige Frau nicht wisse, „von was für Leuten Liliencrons Name begeifert wird": Man sei nicht einmal davor zurückgeschreckt, „dieses ewige Kind, dem alles Tagesgezänk wie im Winde ist, als einen antisemitischen Heuchler zu verleumden".

Und damit Lebewohl, gnädige Frau.

Der Brief ihres geschätzten Freundes bekümmert Ida Auerbach außerordentlich, und sie bemüht sich sofort um Besänftigung. Nur sechs Menschen, die ihre Sprache sprechen, habe sie in ihrem Leben getroffen, zwei habe ihr das Schicksal bereits entrissen, und sie möchte keine weiteren verlieren. Sie werde den Freund des Freundes nicht vergessen und ihm helfen, wenn sie dazu in der Lage sei. Sobald „Sie die Strömung einer Stimmung einmal zu mir zieht", möge er sie mit seinem Dichterfreund besuchen.

Der Besuch kommt zustande, fällt für Richard Dehmel zunächst allerdings wesentlich erfolgreicher aus als für seinen Freund. Ihrer Schwester schreibt Ida Auerbach, sie nehme an dem ganzen Liliencron kein Wort ernst, er habe viel von einem „schwadronierenden Offizier", befindet sie, stets „in den höchsten Regionen". Sie habe allerdings den Eindruck, er verstelle sich nur. Mal habe er ihr gelbes Kleid gelobt, dann plötzlich behauptet, es sei hellblau. Ihr gefällt jedoch, dass er sie nach der ägyptischen Göttin Isis benennt. Sie lädt den seltsamen Menschen als Attraktion in ihren literarischen Salon ein. Als sie mit ihrem Mann Hamburg besucht, bittet sie ihn zu einem Treffen ins Hotel, gemeinsam machen sie eine Hafenrundfahrt, und Liliencron liest aus dem *Poggfred*-Kantus vor, in dem er Frau Isis als exotische Sarazenenfürstin verewigt hat. Höflich lobt sie daraufhin ihr literarisches Porträt, ist in Wirklichkeit von Versen wie „Mit ihren schwarzen Haaren spielt der Wind, ein Stahlhelm schützt sie vor den Sonnenstrahlen" aber nicht sonderlich begeistert.

Dehmels Vorliebe für Liliencron sei ihr ein Rätsel, hatte Ida Auerbach noch vor wenigen Wochen gegenüber ihrer Schwester geäußert. Als sie ihn näher kennen lernt, ändert sie ihr Urteil.

Der bevorstehende „Aufruf" beschäftigt Liliencron sehr. Zum Jahresbeginn 1897 ist das Vorhaben noch geheim, aber er macht sich bereits Gedanken, wessen Namen man für die Werbung gewinnen müsse. Auf jeden Fall natürlich Fontane, auch Klaus Groth. Der Freund Gustav Falke ist dagegen noch zu unbekannt. Außerdem begehe Falke in seiner Dichtung wirklich unverzeihliche Fehler, schreibt von Champagner, Marke Veuve Cliquot, zu zehn Mark. Er sollte wissen, dass die Flasche unter 15 Mark nicht zu bekommen ist. Tausend grammatische oder orthografische Fehler dürfe ein Dichter machen, so teilt er dem Sünder mit, aber die „Technik des Lebens", die müsse stimmen.

Nun muss jedoch der „Aufruf" im Mittelpunkt aller Überlegungen stehen. Wichtig ist nicht nur, wer ihn unterschreibt, sondern auch, wann er stattfindet. Vom 22. bis 25. März ist eine ungünstige Zeit, dann sind die Zeitungen gefüllt mit Berichten über den 100. Geburtstag „meines alten herrlichen Kaisers" Wilhelm I. Ab 29. März wird es gehen. Die Gläubiger hat Liliencron allerdings auf den 1. März vertröstet, also muss er ihre Geduld noch einmal strapazieren.

Die Idee zu dem Aufruf stammt von Richard Dehmel, und für die Ausführung hat er das Ehepaar Ida und Leopold Auerbach gewonnen. In allen Zeitungen des Landes soll eine Annonce erscheinen, in der das deutsche Volk aufgerufen wird, einem Dichter, „der wie kaum ein anderer deutsche Lebenslust mit Thatkraft in seinen Werken verkörpert hat, ein verbittertes Alter zu ersparen". Um „sein fernes Schaffen" zu erleichtern, möge jedermann „nach bestem Vermögen" seinen finanziellen Beitrag gegen Quittung beim Consul Auerbach in der Berliner Tauberstraße Nr. 20 einzahlen. Renommierte Kunstschaffende haben unterschrieben. Neben Theodor Fontane und Klaus Groth, Gerhart Hauptmann, Marie von Ebner-Eschenbach, Max Klinger, Wilhelm Raabe, Max Liebermann, Richard Strauss, Harry Graf Keßler, Arnold Böcklin.

Ja, er ist bereit, „in den sauren Apfel" zu beißen, aber bitter, sehr bitter sei das ganze Vorhaben, gesteht Liliencron dem Freund Dehmel. Wenn der Aufruf in den Zeitungen stehe, werde er vor der Schande flüchten, sich verstecken.

Gleichzeitig stellt er jedoch schon einmal Bedingungen: Als Vorschuss auf die zu erwartenden milden Gaben benötige er 2000 Mark, denn er brauche dringend einen neuen Anzug, neue Wäsche und einen Regenschirm. An Richard Dehmel geht außerdem die Bitte, er möge ihm ein Zimmer in Schönhausen anmieten, das er als Versteck während der Sammelaktion nutzen könne.

Am 30. April 1897 veröffentlichen 700 Zeitungen im ganzen Reich den Aufruf. Nach 14 Tagen sind 200 Mark eingegangen. Nach der Endabrechnung am 1. Oktober sind es 4450 Mark. Die am heftigsten drängenden Gläubiger verlangen 7600 Mark. Liliencron ist enttäuscht. Theodor Fontane dagegen von dem schlechten Ergebnis nicht überrascht. Es sei ihm nicht gelungen, in seinem Bekanntenkreis jemanden zu finden, dem er auch nur drei Mark hätte abjagen können, schreibt er an Richard Dehmel. Dem „Kassenwart" der Sammlung gibt Liliencron genaue Anweisungen, wer von den Einnahmen zuerst profitieren soll: Vor allen anderen der Schneidermeister Günther, danach der Zahnarzt Dr. Lindemann sowie die Regierungsräte Hanssen und Retzlaff, die einst die ebenfalls wenig erfolgreiche Liliencron-Stiftung ins Leben gerufen hatten und mit privatem Geld selbst zu Gläubigern geworden waren.

Sehr, sehr, sehr wichtig seien 100 Mark für die eigene Tasche, um kleine Schulden zwischen zwei und fünf Mark begleichen zu können.

Der Kassenwart Auerbach zahlt, und als die Hälfte der Gläubiger zufrieden gestellt ist, da ist die Kasse leer. Die Abgewiesenen fordern heftiger als zuvor ihr Geld.

Liliencron ist wieder einmal verzweifelt und sucht nach bisher nicht entdeckten Einnahmequellen. Hat nicht die Hauswirtin und Kollegin Elise Rehburg von ihrem in Moskau lebenden Bruder erzählt? Er soll Beziehungen zu besten Kreisen haben, auch zur Baronin Lilly von Bistram. Per Einschreiben fragt er an, ob die in Moskau lebenden Deutschen bereit seien, einen in schwere Not geratenen deutschen Dichter zu unterstützen. „Ein paar hundert Mark wären eine große Hilfe." Die Baronin schickt 50 Rubel und teilt mit, dass ein Dichter Detlev von Liliencron in Moskau gänzlich unbekannt sei.

In Deutschland dagegen steigt die Zahl der Verehrer beständig, und einige lassen sich die Verehrung sogar etwas kosten. Dazu gehört das Fräulein Margarethe Stolterfoth aus Königsberg. Mit ihr hatte Liliencron schon als Pellwormer Hardesvogt Briefe ausgetauscht. Sie hatte ihm ihre autobiografischen Notizen geschickt und dafür Lob erhalten.

Als er die Liste der Spendenaktion durchsieht, stößt er auf ihren Namen. 50 Mark hat sie gezahlt. Dafür bedankt er sich und fragt an, ob sie nicht in der Lage wäre, noch einmal 500 Mark zu spenden, denn statt der erwarteten 10 000 Mark habe der Aufruf lediglich 4500 Mark gebracht. Jetzt sitze er voller Verzweiflung in seinem Zimmer, könne wegen seiner Geldnot schon seit einem Jahr nichts mehr schreiben und denke: „Nun ists aus, es geht zu Ende".

Das alte Fräulein ist über die verzweifelten Zeilen so gerührt, dass sie umgehend die gewünschte Summe schickt. Dazu ihr Foto, für das er sich überschwänglich bedankt und das er zusätzlich deutet: Es verrate Güte und Liebe und Opferfreudigkeit, feinen Humor, Milde und Klugheit. Sehr ausführlich schildert Liliencron seinen Lebensablauf, erklärt darin auch den Grund für seine Verschuldung. Die alten Damen im Itzehoer Kloster, alles Verwandtschaft, hätten ihn verhätschelt, ihm reichlich Geld gegeben. Nach ihrem Tod sei dieser Geldfluss versiegt, ein wenig Leichtsinn sei hinzugekommen. Nun aber habe dieser Leichtsinn längst aufgehört.

Von diesen Zeilen, auch von dem beigelegten Bild und den nachgeschickten Gedichten ist das Fräulein Stolterfoth derart begeistert, dass sie der ersten großzügigen Spende zum Weihnachtsfest 1898 ein geradezu fürstliches Geschenk in Form von 1500 Mark folgen lässt. Ihr Neffe liefert das Geld in der Altonaer Dachwohnung ab, und der Empfänger beschreibt die Folgen: „Ich warf mich schluchzend auf mein Bett und blieb darauf lange, lange liegen. Und hatte mir einen Stuhl ans Bett gestellt und auf dem Stuhl lag das Portefeuille mit den 1500 Mark. Und immer wieder nahm ich es auf und zählte, zählte, zählte …"

Als im folgenden Jahr das erhoffte Geschenk ausbleibt, bittet Liliencron die Verehrerin, doch wenigstens 150 Mark zu schicken, er wolle heiraten, und ohne Hilfe aus Königsberg würde es eine Bettler-Hochzeit.

Private Geldzuwendungen haben den Vorteil, dass sie nicht bekannt werden. Verleiht die österreichische Bauernfeld-Stiftung einen mit 1000 Kronen dotierten Preis, steht es in der Zeitung, und schon rechnen die Gläubiger. 1000 Kronen, das seien 10 000 Mark. Gläubiger stürmen in die Palmaille und rütteln an der verschlossenen Tür zum

Dichterzimmer. Der Preisträger würde zahlen, aber er kann nicht. Denn keine deutschen Kronen hat er erhalten, sondern österreichische, nicht 10 000 Mark, gerade einmal 800 Mark. Als 14 Tage später vom Preisgeld noch zwei Mark übrig geblieben sind, kauft er sich davon einen Strauß Saffrano-Rosen, die er neben das Bild seiner Tochter Abel stellt.

AUF TOURNEE

Liliencron ist fast 54 Jahre alt, als er endgültig erkennt, dass sich vom Schreiben allein nicht leben lässt, jedenfalls nicht so, wie er es sich vorstellt. Lange hat er sich gesträubt, das Geschriebene auch noch öffentlich vorzulesen. Im kleinen Kreis kann er eine ganze Nacht erzählen und rezitieren. Fremdes Publikum dagegen, zumal in großer Menge, jagt ihm Schrecken ein.

Nur widerwillig und gelockt von der Bezahlung lässt er sich am 18. Januar 1898 in Düsseldorf erstmals zu einem öffentlichen Auftritt überreden. Der Saal ist mit 300 Menschen gefüllt. Er wartet in einem Nebenraum, ist entschlossen zu flüchten, zieht das Bild seiner Tochter aus der Jackentasche und küsst es. Gleich kommen die Pfleger, wie damals vor der Operation in Kiel, denkt er. Stattdessen ertönt eine Klingel und ein Oberstaatsanwalt tritt ein, der ihn an die Hand nimmt. Keine Angst, wundervolles Publikum, ausverkauft, flüstert er. Also keine Operation, nur eine Hinrichtung, denkt der Verurteilte. Der Oberstaatsanwalt führt ihn zu einer schmalen Bank, wo er warten muss, bis der Ankläger vom Podium aus das Urteil verkündet: Das Opfer sei der größte lebende deutsche Dichter, sei viel zu lange verkannt und sogar verhöhnt worden. Und jetzt werde er erstmalig in der Öffentlichkeit aus seinen Werken vortragen. Don-

nernder Applaus, vereinzelte Bravo-Rufe. Der Oberstaatsanwalt macht das Podium frei und bittet mit einer Verbeugung den hohen Gast, das Wort zu ergreifen.

Laut spricht er, krächzend und schnarrend wie ehemals
auf dem Kasernenhof. Sogar in der letzten Reihe versteht
man ihn gut. Erst die Ballade von der neuen Eisenbahn,
deren Bau selbst vor einer berühmten Grabstätte nicht halt
macht. Ein wenig zu kompliziert, aber man klatscht. Dann
Auf der Kasse, das ist heiterer, und wer verachtet die Steuereintreiber nicht. Es wird gelacht und heftiger applaudiert.
Der Maibaum, zu traurig, zu intim, man wagt kaum zu klat-
schen. Aber nun *Die Musik kommt:* „Klingling, bumbum
und tschingdada". Das kennt man. Jubel bricht aus. Und ab-
schließend beim *Handkuß* spricht der halbe Saal die letzten
Strophen mit:

Nun wie wars
Heut bei Czars?
Ach, ich bin
Noch ganz hin,
Haucht meine süße Lady ...

Als der Applaus verklungen ist, erscheint noch einmal der
Oberstaatsanwalt, schüttelt dem Dichter wohl eine halbe
Minute lang die Hand, schlägt ihm zusätzlich auf die Schulter. Liliencron denkt an die 250 Mark, die er hoffentlich
gleich im Nebenraum erhält. 50 Mark spendiert er anschließend auf der „Festkneipe", die örtliche Künstler, vorwiegend junge Maler, für ihn veranstalten und die sich bis

in die frühen Morgenstunden hinzieht, ihn aber dennoch keinen Augenblick langweilt.

Die Tournee geht weiter. Von Düsseldorf reist Liliencron nach Leipzig. Hier empfängt ihn kein Oberstaatsanwalt, sondern seine Begrüßung übernehmen Künstler von Rang, darunter der Maler Max Klinger, der Schriftsteller Frank Wedekind. Jeder will den Gast sehen. Man reicht ihn herum. Max Klinger lädt ihn ins Atelier, schenkt ihm die Lithografie „Tote Mutter". Nur noch zwei Exemplare soll es von der Arbeit geben. „Ich brach beinahe zusammen vor Freude", schreibt Liliencron dem Freund Gustav Falke.

Die Lesung ist wieder sehr gut besucht. Das Programm hat er während der Zugfahrt ausgesucht und sich dabei gedacht, wer schon kein Meer habe, der müsse etwas über das Meer erfahren. Daher berichtet er aus Pellworm:

BETRUNKEN.

Ich sitze zwischen Mine und Stine,
Den hellblonden hübschen Friesenmädchen,
Und trinke Grogk.
Die Mutter ging schlafen.
Geht Mine hinaus, um heißes Wasser zu holen,
Küß ich Stine.
Geht Stine hinaus,
Um ein Brötchen mit aufgelegten kalten Eiern
Und Anchovis zu bringen,
Küss ich die Mine.

Das Publikum lacht, freut sich über das „echte Leben" in seinen
Gedichten, erwartet mehr Heiteres. Doch stattdessen folgt:

PIETÀ

Wie kommt hierher Maria mit dem Leichnam?
Er liegt im Sand, am Ufer hart auf Muscheln,
Und unbegrenzt dehnt sich die See hinaus.

Das Publikum ist verwirrt, Christus am Strand der Nordsee?
Als Wasserleiche? Dem Nachdenklichen folgt wieder Ver-
gnügliches, und so geht es im Wechsel weiter. Dem anhal-
tenden Beifall folgt die Auszahlung von 300 Mark. Vergessen sind die Schmähungen und die Gläubiger und die karge
Wohnung unter dem Dach.
Und damit ist der wunderbare Tag noch lange nicht beendet.
Der Abend erst bringt den Höhepunkt. Man trifft sich im Restaurant des Neuen Theaters. 19 Personen sind geladen, alle
berühmt oder mindestens reich. Der Regisseur Max Grube
mit Orden behängt wie ein russischer Kriegsminister, ein
gerade 20 Jahre alter Komponist, dessen Sinfonie vor
wenigen Tagen Richard Strauss aufgeführt hat, eine Rumänin in Nationaltracht, ein Sozialdemokrat, ein Anarchist und
Aristokrat, ein Konservativer, mehrere Literaturkritiker, ein
Verleger.
Der Ehrengast sitzt neben Max Klinger. Von Malerei versteht
Liliencron wenig, aber er ist von seinem Nachbarn begeistert und lobt ihn heftig: Die Kombination von Eros und Tod,

wirklich göttlich, das fürs örtliche Gewandhaus bestimmte Denkmal des genialen Beethoven werde die Stadt gewiss noch viel berühmter machen. Wedekind sitzt leider am Ende des Tisches, vom Skandal um „Lulu" versteht Liliencron daher nur Bruchstücke.

Erst um 3 Uhr wird die Tafel aufgehoben. Er werde alles zahlen, kündigt Liliencron an, aber jemand hat schon bezahlt. Wo ist die reizende Rumänin mit dem Dolch? Sie sitzt bereits in der Kutsche des Verlegers Merian.

Das Furchtbarste an den Lesungen seien die Stunden danach, teilt er Gustav Falke noch aus Leipzig mit. 14 Nächte habe er so gut wie nicht geschlafen. Und trotzdem ist es ihm nicht gelungen, mehr als 100 Mark von den eingenommenen Honoraren auszugeben.

Erst nach der Rückkehr in Altona findet er Zeit, sich ein schon seit langem gewünschtes Geschenk zu kaufen: Einen Revolver. Als Ersatz für die beiden versilberten Duell-Pistolen, die dem Gerichtsvollzieher in die Hände gefallen sind. Noch liegt die Waffe ungeladen in der Kommode, aber wie er seinen Verlegern mitteilt, wird demnächst Munition hinzukommen. Danach werde er den Revolver in die Schreibtischschublade legen und manches Mal auch direkt auf den Schreibtisch.

Ist unserem geschätzten Dichter, dessen Bücher sich allmählich besser verkaufen, der Erfolg zu Kopf gestiegen? So fragen sich die geschäftlich und damit nüchtern denkenden Verleger Schuster und Loeffler. Und wie sollen sie den Brief verstehen, der ihnen unter dem Datum vom 30. März 1898 zugegangen ist?

Darin verlangt ihr Dichter geradezu ultimativ ein Treffen bis 19 Uhr. Von „höchster Wichtigkeit" sei die Angelegenheit. Es gehe nämlich um Werbung. Depeschen müssten verbreitet werden, die verkünden, der Dichter Freiherr Detlev von Liliencron habe seine 14-jährige Großmutter mütterlicherseits vergiftet. Oder: Er habe im Duell den Fürsten Jaromir von Bumsdada getötet. Oder: Er habe unter Lebensgefahr ein im Eis eingebrochenes Kind gerettet. Reklame, Reklame müsse sein, nur dann könne man seine Bücher verkaufen. „Ihr L., Besitzer von Briefpapier".

Die Verleger kommen zu dem Urteil, dass sich ihr Dichter zurzeit in einer schöpferischen Phase befindet, in der man ihn lieber nicht stören sollte.

Im Mai 1898 reist Liliencron nach Prag. Die dortige Lesung wird zu einem Triumph. 100 Autogramme gibt er, und ein Kritiker schreibt: „Frei von aller Affektion, mit einer Stimme mit etwas überheller Klangfarbe, in deren Schimmer sich ab und zu ein Laut verwischt, aber mit jener schlichten Innerlichkeit, die nun einmal Autorenvorträgen eigen und schauspielerischer Kunst weit überlegen ist, und mit angenehmer Hervorhebung der Versmelodie, brachte der Poet seine Dichtungen zu entschiedender Wirkung; nach jedem Stück ertönte lebhafter Beifall…"

Als ihm die Gastgeber das vereinbarte Honorar von 300 Mark überreichen wollen, bittet er, den Betrag erst bei der Abreise am Bahnhof auszuzahlen. Um allen Versuchungen zu entgehen.

Am nächsten Morgen sorgt er erneut für Verwunderung. Nach dem Frühstück holt ihn einer seiner Gastgeber vom

Hotel zur Stadtbesichtigung ab. Als unter klingendem Spiel ein Infanterie-Regiment vorbeizieht, reiht sich Liliencron ein, marschiert bis zum Exerzierplatz und berichtet den Soldaten von seinen Kriegserlebnissen. Diese Erinnerung an seine Militärzeit versetzt ihn in derart ausgelassene Stimmung, dass er anschließend versucht, mit jungen Mädchen anzubandeln. Als sie kreischend flüchten, läuft er hinterher und versucht sie zu fangen. „Tschippi, tschappi" habe er dabei gerufen, so berichtet sein Begleiter.

Im Kaffeehaus „Corso" ist er mit jungen Leuten verabredet, die seine Lesung mit Begeisterung verfolgt haben. Gemeinsam streift man durch das jüdische Viertel, Liliencron, mit schwarzem, etwas ramponierten Hut, noch immer bester Stimmung, laut redend, an allem interessiert, an den Thorarollen in der Synagoge, am Volksvergnügen in der Singspielhalle. Die ihm bisher unbekannte Geschichte von Rabbi Löw, der sich als Diener einen Golem schnitzt und zum Leben erweckt, fasziniert ihn derart, dass er daraus eine Ballade macht.

Am zweiten Tag des Aufenthalts lässt er sich von dem verwahrten Honorar doch 100 Mark auszahlen. Prag werde ihm bis an seine Sterbestunde unvergesslich bleiben, notiert er. Nach der Rückkehr erfährt er, dass ihm die Zeise-Stiftung 800 Mark bewilligt hat.

Und schon wieder kündigt sich Geld an. Anfang August 1898 schickt der Verlag eine Abrechnung, aus der hervorgeht, dass in zweieinhalb Jahren 7000 Bücher verkauft worden sind. 2500 Mark entfallen auf Liliencron. Er bedankt sich artig für Energie und „gütige Herzen", ist jedoch überzeugt, dass der Absatz gesteigert werden kann. Hans Olde hat ihn porträtiert und berichtet, ein Freund sei für den Buchverkauf an allen deutschen Bahnhöfen zuständig. Liliencron sieht im Geiste, wie jeder Reisende neben der Fahrkarte auch eines seiner Bücher kauft, und fordert den Verleger auf, sich umgehend bei ihm einzustellen, um Werbemaßnahmen zu besprechen. Er werde seiner großen „weiblichen Postenkette" Anweisung geben, ihn durchzulassen.

Und warum werden nicht, wie es andere machen, Karten mit dem Foto des Autors verteilt? Sei zu teuer? Bringe keine Erfolge? Ach so, aber jeder Beethoven, Goethe, Bismarck, Lumpensammler und Pudelscherer werde durch die Welt gejagt. Die Verleger antworten: Vielen Dank für den Rat, er solle lieber Vorlesungen halten, die seien gut für die Werbung. Und erhalten die Antwort: „Meine Herren, kennen Sie die Strapazen dieser Reise? Und eines sage ich Ihnen: Für'n Ei und'n Butterbrod leg ich mich nicht hin vors Publikum."

Der Brief an Klaus Groth dagegen ist respektvoll und ernsthaft. Vom sehr geschätzten Kollegen ist aus Kiel ein Exemplar des *Quickborn* eingetroffen. Die 19. Auflage. Liliencron gesteht dem „hochverehrten Meister", dass er sich über das Geschenk auch deshalb „herzinnig" freue, weil er schon jahrelang befür–chtet habe, in Ungnade gefallen zu sein. Drei Kriege habe das alte Exemplar der *Quickborn*-Gedichte mitgemacht, sei daher völlig zerfleddert. Und nun diese unerwartete Freude. Dank, Dank und Verehrung. Auch, wenn der große Meister bereits wisse, wie sehr er ihn verehre, sei doch noch einmal gesagt, dass er dessen dramatische

Erzählung *Heisterkrog* viel höher einschätze als Goethes episches Gedicht Hermann und *Dorothea* und Johann Heinrich Voss' ländliche Idylle *Luise*.

Dank an den einen, Wünsche an den anderen. Im Haus des Freundes Richard Dehmel hatte er auf der Chaiselongue ein Kissen gesehen, das ihm sehr gefällt. Ob die Gattin vielleicht bereit wäre, ihm ein möglichst gleich aussehendes Schmuckstück zu stiften? Mit diesem Kissen wären seine irdischen Wünsche erfüllt. Bis auf 3000 Mark, die für gierige Gläubiger, etwa 200 an der Zahl, zurzeit dringend benötigt würden.

Dr. Hans Ferdinand Gerhard aus Hamburg, der einen Verein gründen will, um den Schuldenberg ein für alle Mal abzutragen, erhält von Liliencron einen Brief, aus dem er erfährt, in welch beklagenswertem Zustand sich der Dichter befindet:

„Wollen Sie sich einen schon total zerfleischten, aus tausend Wunden blutenden Stier denken, dem auch Blut aus Nüstern, Augen und Ohren strömt, der so seit ca. 30 Jahren auf einem Fleck steht, von 250 hungrigen Wölfen umstellt, die immer wieder versuchen, ihn niederzukriegen. Aber immer steht der Stier noch (Dieser Stier hat sogar 10 Jahre mal gedichtet). Überall, von herrlichen, lieben Freunden hört dieser Stier: Wir kommen, wir kommen, wir kommen Dir zu Hilfe. Ungezählte andere Teutsche, die diesem interessanten Schauspiel auf in den Wolken gebauten Tribünen zusehen, trösten mich mit vielen alten berühmten Worten, wie ‚Nur immer feste auf die Weste / Was da, ein Liliencron wirft die Flinte nicht ins Korn. / Aushalten, aushalten Sie Lieber'."

Nach einem solchen Ausbruch will Liliencron von der Welt nichts mehr wissen, zieht sich in sein Nest unter den Dachbalken zurück, setzt seine Arbeit an einem neuen Gesang für das *Poggfred*-Epos fort. Das Dienstmädchen des Hauses erhält den Auftrag, jedem Besucher mitzuteilen, der Herr Baron sei gerade verstorben.

* * *

Als Liliencron 44 Jahre alt war und zum Thema „Frauen" reichlich Erfahrung gesammelt hatte, schrieb er seinem Vertrauten Hermann Friedrichs: „Die Weiber sind bei mir immer nur da zum Techtelmechtel, zum Suppenkochen und Hosenflicken. Dazu hat sie die Natur geschaffen". Elf Jahre später teilt er dem geschätzten Kollegen Timm Kröger mit, dass er sich danach sehne, wieder zu heiraten. Zum dritten Mal. Seine Tochter Abel ist fast fünf Jahre alt und lebt mit ihrer „unübertrefflichen Mutter" Anna Micheel noch immer bei dem alten Gärtnerehepaar Schlüter vor den Toren Hamburgs. „In Holstein", mehr verrät Liliencron in keinem seiner Briefe über den Aufenthaltsort.

Nach wie vor glaubt er, das Zusammenleben scheitere am Geld, und um die für den Herbst des Jahres 1899 geplante Heirat und deren Folgen bezahlen zu können, sucht er nach Einnahmen. An den Prinzen Schoenaich-Carolath geht ein Brief mit der Bitte, in seinem Bekanntenkreis nach einer alten und reichen Dame Ausschau zu halten, die aus religiösen und moralischen Gründen das benötigte Geld zur Verfügung stellt.

Timm Kröger macht er den Vorschlag, „eine Art Lilien-cron-Actie á 100 Mark einzurichten". Von der Verwirkli-chung dieser „gar nicht so üblen Idee" erwartet er genügend Einnahmen, um Hochzeit, Umzug, Möbel und Schulden zu bezahlen. In seiner Eigenschaft als nüchtern denkender Anwalt hält Timm Kröger das Projekt mit den Aktien nicht für praktikabel.

Bleibt wieder einmal nur die Schillerstiftung, die allerdings nicht fürs Heiraten, sondern nur fürs Dichten zahlt. Sehr unwillig diesmal, denn in der Kasse klafft ein Loch von 9000 Mark. „Wo nichts ist, hat selbst ein verschuldeter Poet sein Recht" verloren, stellt der ungeliebte Kollege Paul Heyse fest. Ins „Faß ohne

Boden" werden dennoch 400 Mark geschüttet. Im Som-mer 1899 vergrößert sich die kleine, noch immer getrennt lebende Familie. Das neue Mitglied heißt Heinz, ist ein Jahr jünger als Abel und Sohn des in Scheidung lebenden Ehe-paars Auerbach.

Mit ihrem neuen Partner Richard Dehmel geht Ida Auer-bach auf Reisen in den Süden. Für den vergötterten, dazu an Windpocken erkrankten Sohn ein zu anstrengendes Unter-nehmen. Liliencron stellt sich als Pflegevater zur Verfügung und widmet sich der Aufgabe hingebungsvoll.

Mehrfach die Woche macht er der Mutter Meldung über Tätigkeit und Wohlbefinden des auch von ihm geliebten Knaben. Bereits die gesamte Nachbarschaft habe sich in den kleinen Prinzen verliebt, er habe angeordnet, dass bei der geringsten Unpässlichkeit ein Arzt gerufen werde; das dem Kleinen zugewiesene Zimmer sei schattig, ruhig, und er habe persönlich festgestellt, dass nicht die geringste Spur von Feuchtigkeit zu entdecken sei.

Macht man gemeinsam einen Ausflug in die Heide, geht anschließend eine Beschreibung an die Mutter im Süden: Man habe Brote mit Butter, nicht etwa mit Margarine bestrichen, dazu Zitronenwasser getrunken. Der kleine Prinz habe Blumen gepflückt und sei wie folgt gekleidet gewesen: knallroter Anzug, gleichfarbige Weste mit drei weißen Knöpfen, dazu ein Sombrero. Ganz allerliebst habe Prinz Heinz „mit den himmlischen Madonnenaugen" ausgesehen.

Von der fürsorglichen Betreuung ihres Sohnes ist Ida Auerbach angetan, gegenüber ihrer Schwester räumt sie ein, Liliencron trotz seiner „Rüschelichkeiten" allmählich lieb zu gewinnen, auch deshalb, weil er sich gegenüber seiner Frau Anna „diskret und ritterlich" verhalte, sie offensichtlich sehr schätze. Über Tochter Abel, die Spielgefährtin ihres Prinzen Heinz, fällt sie dagegen ein ungünstiges Urteil: „Ein hochnäsiges, kaltes, egoistisches, kleines Ding, dem der harmlose Charme der Kindheit fehlt."

Die für den Herbst 1899 geplante Hochzeit mit Anna Micheel musste verschoben werden, am 1. März 1900 findet sie endlich statt. Nach der standesamtlichen Trauung folgt am gleichen Tag die kirchliche Zeremonie in der Hamburg-Horner Martinskirche.

Selten zuvor habe es eine solche „Bettler-Hochzeit" gegeben, schreibt Liliencron der Wohltäterin Margarethe Stolterfoth nach Königsberg, behauptet, die Angetraute, „ein herrliches Geschöpf", sei 30 Jahre alt, obwohl sie fast 34 und auch keine Tochter eines „Großbauern", sondern eines ärmlichen Hufners ist. Als Bettler ist der Bräutigam nicht zu erkennen. Er trägt Gehrock, eine bunte Krawatte und hellbraune Handschuhe. Allerdings keinen Zylinder, der ihm verhasst ist.

Knapp einen Monat nach der Hochzeit wird sein Sohn Wulf Kai Detlev Wittekopp Benedictus geboren. War die Tochter Abel noch als Baronesse ins Geburtsregister eingetragen und die Mutter Anna als Baronin bezeichnet worden, behält in den Aufzeichnungen des Standesamtes nur der Vater seinen Titel. Auch nach der Heirat lebt das Ehepaar Liliencron zunächst noch getrennt.

* * *

Von der Geburt seines Sohnes Wulf, dessen Namen er beharrlich mit einem doppelten F schreibt, erfährt Liliencron in Weimar. Er liest inzwischen als gefeierter Poet im ganzen Reich aus seinen noch immer nur mäßig verkauften Gedichtbänden, darunter *Die Adjutantenritte* und *Der Haidegänger*. Im Berliner Reichstag tritt er in Gegenwart von viel politischer Prominenz auf. In Bonn kommen 800 Zuhörer. Er ist von seinem Auftritt selbst so begeistert, dass er ihn seinen Verlegern schildert: „Ich brüllte, säuselte, girrte, lachte, weinte, schnurrte, knurrte, heulte, winselte, schmeichelte, grollte, schnadahüpfelte, kicherte, grunzte, greinte ..." Als er zum Schluss sein Gedicht *Die Musik kommt* vorträgt, stampft das Publikum vor Begeisterung mit den Füßen.

In Weimar dagegen gibt sich die feine Gesellschaft vornehm. Elisabeth Förster, Schwester des von ihr gepflegten Friedrich Nietzsche, führt Liliencron „bei Hofe" ein. „Was diese herrliche Frau an mir gefressen hat, weiß ich nicht", notiert er. In der ihm ungewohnten Umgebung fühlt sich Liliencron wohl, zugleich macht er sich lustig über das Auftreten der hohen Damen und Herren, die ihn umschwärmen. Alles „Canaillen und Bestien" seien das hier, schreibt er. Es gebe aber auch viel Bildung und Interesse für die Kunst, und unglaublich grazil könnten die Ladies mit Messer, Gabel und Löffel speisen, und über Goethe werde viel Erotisches erzählt. Tugendwächter würden darüber vor Entsetzen in der Erde versinken.

An „lächelnde Schlangen" erinnern ihn die „Hofmenschen". Er habe sich ihrer Sprache bereits angepasst. Der Takt sei wichtig, jedes Wort müsse man sich genau überlegen.

Und Himmel, was man für Geld benötige, 100 Mark hat er in kürzester Zeit für Trinkgelder ausgegeben, und mindestens 200 Mark wird wohl sein Hamburger Schneider verlangen, bei dem er telegrafisch eine neue Ausstattung bestellt hat: Frack, weiße Weste, Hosen, Lackstiefel und nun doch ein Zylinder.

Am Abend diniert er auf Einladung von örtlichen Künstlern im *Weißen Schwan*, denkt daran, dass dort schon Goethe und Schiller gesessen haben. Er mag die auf ihn erhobenen Toasts nicht mehr hören und die ihm aufs Haupt gestülpten Lorbeerkränze nicht mehr sehen, notiert: „Scheußlich" und fühlt sich trotzdem wohl, bleibt bis in die Morgenstunden und beklagt sich, dass er schon drei Tage fast gar nicht geschlafen habe.

Am nächsten Abend ist er Gast bei einem russischen Ober-hofstallmeister, Duzbruder von Turgenjew und Daudet, der demnächst zum Grafen Leo Tolstoi fährt, auch ein alter Freund. Ungeheuer reich soll er sein. Da der Gastgeber Lilien-crons Bücher in Weimar nicht vorfand, schickte er einen Kurier nach Berlin. Auch trägt er einen Ring, den schon Puschkin besessen haben soll.

Und kaum ist das eine Fest überstanden, folgt das nächste. Diesmal in Kostümen. Liliencron im weißen Umhang mit schwarzem Kreuz fühlt sich wie ein „feister Dominikaner-mönch". Bei Fackelschein werden Ritterspiele veranstaltet, nach dem Diner mit Champagner und „kalter Ente" stel-len Schauspieler „lebende Bilder" dar, zu Ehren Liliencrons auch die Ballade vom schwermütigen König. Als Untermal-ung rezitiert er die düsteren Verse von der einsam gele-genen Festung, in der der König mit seinen Getreuen zecht und Met aus den Schädeln erschlagener Feinde trinkt.

Bis morgens um 6 Uhr dauert die Festlichkeit. In seine Pen-sion Rosenkranz zurückgekehrt, schildert Liliencron seiner Altonaer Hausgenossin Alma Holtorf den Höhepunkt des ausgelassenen Treibens: „Man setzte mir auf meinen dicken, beschränkten Bierbrauerschädel einen Lorbeerkranz … Solche Ovationen, Sie wissen es, sind mir unbeschreiblich ekelhaft."

Lockt nicht die scheinbar ewig wache und feiernde Hof-gesellschaft, fordern ihn die Verehrer, darunter Nietzsches Schwester Elisabeth. Noch lebt der kranke Bruder, aber sein Ende ist nahe. Besucher werden nicht mehr vorgelassen. Im gerade eingerichteten Goethe-Schiller-Archiv folgt

Liliencron ergriffen den Spuren der berühmtesten Weimarer Geistesgrößen. Der Archivrat Schüddekop zeigt ihm Dokumente, die noch als geheim gelten, weil ihr Inhalt den Hof kompromittieren würde. Die Briefe des „Olympiers", besonders die mit seinem Landesherrn Karl August gewechselten Schreiben, würden „das teutsche Volk auf drei Jahre in Ohnmacht versinken lassen", notiert er. Schließlich seien die Deutschen bekannt für ihre „grauenhafte Prüderie, Scheinheiligkeit und Heuchelei".

Am Tag, als sein Sohn Wulf zur Welt kommt, wird er sogar dem Großherzog vorgestellt. Er nimmt es als gutes Omen, ist aber davon überzeugt, dass „seine königliche Hoheit" keine einzige Zeile von dem „berühmten Poeten" aus Hamburg gelesen hat.

Das Honorar hat nicht für die in Weimar angefallenen Kosten gereicht, dennoch bringt der Besuch einen bedeutenden finanziellen Gewinn: Elisabeth Förster-Nietzsche hat sich bereit erklärt, den größten Teil der Miete für eine Wohnung oder ein Haus zu zahlen, in dem die Familie Liliencron endlich vereint leben kann.

Ob er schon etwas Passendes gefunden habe, fragt einige Wochen nach der Rückkehr die wohlhabende Verehrerin an. Nein, leider noch immer nicht. Er habe allerdings in der näheren und weiteren Umgebung kräftig gesucht. Was ihm wirklich gefalle, sei viel zu teuer, koste über 800 Mark im Jahr. Beinahe wäre er in Ahrensburg, mitten im Arbeiterviertel, erfolgreich gewesen, bei näherer Prüfung seien dann jedoch Schwamm und triefende Feuchtigkeit entdeckt worden. Aber natürlich werde er unverdrossen weiter suchen.

Und ob die „hochverehrte gnädige Frau" mit den beigelegten, für das erweiterte *Poggfred*-Epos bestimmten Versen über den verehrten Herrn Bruder einverstanden sei? Wenn ihr auch nur eine Zeile missfalle, werde sie selbstverständlich sofort geändert oder vernichtet.

Wenn er die Wohnungssuche ausgerechnet auf Ahrensburg konzentriert, hat das seinen Grund: Hierher war Dr. Heinrich Flögel gezogen, einst Kirchspielvogt von Bramstedt, als Liliencron das gleiche Amt in Kellinghusen ausübte. Die beiden waren sehr untypische preußische Beamte. Dichter der eine, Astronom der andere. Regelmäßig trafen sie sich. Nicht um über Polizeistunden bei Tanzvergnügen oder die Einhaltung der Bismarckschen Sozialistengesetze zu beraten, sondern sie beklagten sich über engstirnige Bürokraten, erörterten bei einem guten Tropfen ihre naturwissenschaftlichen und literarischen Erkenntnisse. Auch nachdem beide von der Last ihrer Ämter befreit waren, blieb der regelmäßige Kontakt bestehen.

Am 1. Juni 1899 war in Kiel Klaus Groth gestorben. Liliencron weiß, dass er von der Schillerstiftung eine Pension erhielt. Ob das nun freigewordene Geld nicht ihm zugute kommen könne, fragt er an. Schon wieder Liliencron. Er möge sich gedulden. Und seufzend ergeht die Zusage: Ab 1901 jährlich 600 Mark, diesmal sogar für einen Zeitraum von vier Jahren. Mit der Pension von monatlich 109 Mark, den Honoraren aus Lesungen und Buchverkauf, den milden Gaben von Verehrern ließe sich somit durchaus leben. Wären da nicht die Schulden mit ihren Zinsen und die Gläubiger, die persönlich an die Tür klopfen oder gleich den

Gerichtsvollzieher schicken. Und nach wie vor brennt dem mittlerweile 56-jährigen berühmten Dichter jede Mark in der Tasche wie glühende Kohle.

Liliencron ist nun ernsthaft entschlossen, mit seiner Familie zusammenzuleben. Nicht mehr zögerlich, sondern mit Eifer sucht er daher nach einer Wohnung und findet sie schließlich in Alt-Rahlstedt. Die Miete beträgt jährlich 800 Mark, zahlbar in zwei Raten. Verehrer, darunter Harry Graf Keßler, spenden Möbel und Bettwäsche, Mitte April 1901 zieht die nun vereinte Familie ein. Liliencron notiert, er komme sich vor wie ein Prinz im Märchen, hat jedoch noch einen Wunsch. Elisabeth Förster-Nietzsche kennt die leichtsinnige Ader des ansonsten so geschätzten Poeten und will die Miete direkt an den Hausbesitzer überweisen. Diese Demütigung möge sie ihm ersparen, bittet Liliencron die großzügige Förderin. Der Hauswirt würde ihn für arm halten, ihn scheel anblicken. Daher möchte er das Geld selber überreichen, verspricht, die Quittung als Beweis für seine Zuverlässigkeit umgehend nach Weimar zu schicken.

Seinen Verlegern teilt er noch während des Umzugs mit („Drei Höllen sind nichts dagegen"), ihm keine Postkarten mit finanziellem Inhalt zu schicken. Bei 1000 Einwohnern wären die Einzelheiten sofort im ganzen Ort bekannt. Er selbst werde seine Post nur in den Briefkasten am Bahnhof einwerfen, weil deren Inhalt direkt in den Zügen lande. Die Bahn fährt 14 Mal am Tag in 19 Minuten nach Hamburg.

Als der Kollege Heinrich Spiero ihn besucht, zählt er in Liliencrons Wohnräumen 150 Bilder und Skulpturen, darunter Totenmasken von Friedrich dem Großen, Goethe, Napoleon und dazu eine Büste von Nietzsche. Neben dem Bett lehnt der Degen.

Sein Arbeitszimmer und ein Schlafraum liegen im ersten Stock, aus dem Erdgeschoss hört Liliencron die Familie, und sie stört. An Richard Dehmel schreibt er: „Den kleinen Wulff verfluche ich, weil er entsetzlich bölkt. Säuglingsgeschrei ist das entsetzlichste auf der Erde." Ein stolzer Vater ist er trotzdem.

Nach anderthalb Jahren will der Besitzer sein Haus selber bewohnen, die Liliencrons ziehen in die Bahnhofstraße Nr. 11, genau gegenüber dem Haupteingang des Bahnhofs. Hier beträgt die Miete 900 Mark. Weitere zweieinhalb Jahre später, im April 1905, folgt ein erneuter Umzug. Die An-schrift lautet Bahnhofstraße 39, die Miete steigt auf 1200 Mark und wird weiterhin von der Verehrerin Elisabeth Förster-Nietzsche bezahlt.

DER KABARETTIST

Nur widerwillig hat sich Liliencron durch seine Lesungen an große Menschenmengen gewöhnt. Und jetzt soll er 57 Jahre alt unter Jubelrufen auf einer Bühne auftreten? Nein, niemals. Aber die Versuchung wächst. Kurz vor der Jahrhundertwende entstehen überall im Reich Kabaretts. Mit Sängerinnen und Rezitatoren ziehen die Ensembles durch die Städte, wagen sogar vorsichtige Kritik an den politischen Zuständen. Die Veranstalter halten Ausschau nach Künstlern, die einen möglichst hohen Bekanntheitsgrad haben. Liliencron ist plötzlich sehr gefragt.

Ich, auf einer Bühne? Und mit fahrendem Volk im Planwagen unterwegs? Niemals. Oder nur für 2400 Mark im Monat und kein persönlicher Auftritt, lediglich Lieferant von Versen und Leitung im Hintergrund. Die Bedingungen sind zu weitreichend und werden abgelehnt. Er sei darüber unglaublich froh, schreibt er seinen Verlegern.

Doch die Versuchung hält an. Nach „furchtbarsten inneren Kämpfen" unterzeichnet er beim „Künstler-Cabaret Buntes Brettl" im Herbst 1901 einen Vertrag, der ihm als „literarischem Oberleiter" ein monatliches Honorar von 1000 Mark sichert. Er verpflichtet sich, zweimal im Monat 7 bis 15 Minuten lang auf der Bühne aus seinen Werken zu lesen. Am 1. November ist in Berlin Premiere. Es sei „ein rasender

Erfolg" gewesen, meldet Liliencron seinem Freund Maximilian Fuhrmann. Nachdem die allseits geschätzte Schauspielerin Bozena Bradsky *Die Musik kommt* gesungen hat, wird der Dichter auf die Bühne gezerrt und mit viel Beifall überschüttet.

Der Kritiker der Zeitschrift *Die Neue Welt* urteilt weniger begeistert. Nach einer Reihe bunter Vorträge habe „ein kleiner, untersetzter Herr, ein Fünfziger mit kurzgeschorenem Haar und kräftigem Schnurrbart", die Bühne betreten und „ein paar knappe, impressionistisch gehaltene Stimmungsbilder" vorgelesen, und zwar nicht besonders gut. Der lebhafte Beifall habe weniger dem Vortrag selbst gegolten als vielmehr der Person, „dem größten der zeitgenössischen deutschen Lyriker".

Die anschließende Tournee dauert fast vier Monate, für Liliencron eine Qual: Dieses „Schmierentheater" sei „die größte Heldentat meines Lebens", teilt er seinen Verlegern mit, behauptet, das Publikum behandele ihn „vollkommen als Canaille". Seine Auftritte sind allerdings auch bizarr. Im Vertrag hat er nicht nur geregelt, dass ihm vor jedem Einsatz die Schuhe geputzt werden müssen, sondern auch den Platz für das Lesepult festgelegt. Nie direkt vor dem Publikum, stets im Hintergrund der Bühne. Hat der Conférencier ihn angekündigt, tritt er ohne jegliche Begrüßung ans Pult, schlägt das dort bereit liegende Buch auf und beginnt zu lesen, rasend schnell und ohne nennenswerte Betonung. Ist ein Gedicht beendet, folgt ohne Übergang das nächste. Nach Ablauf der vorgesehenen Zeit klappt er das Buch zu, deutet eine Verbeugung an und verschwindet wortlos in den Kulissen. Dort ist er sofort bester Stimmung, scherzt mit den jungen Damen, verabredet sich mit der ersten Soubrette zum spätabendlichen Spaziergang.

Im Frühjahr 1902 ist eine Tournee durch Schleswig-Holstein vorgesehen. Vorstellungen in Neumünster, Rendsburg, Flensburg und Kiel stehen auf dem Reiseprogramm. Liliencron tritt jedoch nicht auf. Er ist nicht bereit, sich in seiner alten Heimat als „Schmierendirektor" zu zeigen.

Inzwischen ist aus dem „Bunten Brettl" tatsächlich eine Art Schwanktheater geworden. Die anfängliche Begeisterung des Publikums hat nachgelassen, die Einnahmen gehen zurück, der Impressario kann die Honorare zunächst nicht mehr in vereinbarter Höhe, dann gar nicht mehr zahlen. Liliencrons ungeliebtes, aber zunächst einträgliches Gastspiel auf der Bühne ist beendet. Er ist froh darüber. Sein künstlerischer Ruf hat keinen Schaden genommen, denn Freunde und Kollegen wissen, dass er nicht aus Begeisterung unter das fahrende Volk gegangen ist, sondern nur, um seine desolate finanzielle Lage zu verbessern. Allerdings ohne nennenswerten Erfolg. Dagegen ist sein Bekanntheitsgrad gestiegen, was sich vorteilhaft auf den Verkauf seiner Bücher auswirkt.

* * *

Liliencron ist nun so berühmt, dass ihm Kaiser Wilhelm 1903 ein jährliches Ehrengehalt von 2000 Mark bewilligt. Noch nie zuvor hat ein deutscher Künstler eine solche finanzielle Auszeichnung erfahren. Die Folge sind neben Gratulationen mehrere Dutzend Bettelbriefe und vor allem noch mehr unverlangte Bücher und Manuskripte, die der berühmte Dichter begutachten soll. Sind die Bücher nicht

„aufgeschnitten", sendet er sie sofort zurück, beim Kollegen und späteren Biografen Heinrich Spiero beklagt er sich über diese Unart: „Ich weiß, weswegen mir die Teutschen unaufgeschnittene Bücher schicken: Weil sie sich sagen, dieses stinkende arme Vieh darf nur mit Fußtritten behandelt werden…"

Anderen Sendungen legt er eine gedruckte Antwort bei, in der es heißt: „…daß ich wegen ewigen Besuchs, ewiger Einladungen, ewiger Störung, wegen schwerster Überlastung mit Korrespondenz, … wegen Anfragen, Rundfragen, Wohltätigkeitsanliegen, wegen Bestürmung mit Anrufen, Depeschen, zahlreichen Bitten und Gesuchen jeglicher Art, z. B. um Prologe, Epiloge, Hochzeitskarmina, Grabsprüche, Festgedichte, Stammbuchverse, Autographen usw. völlig außerstande bin, auf jede Einsendung … zu antworten."

Ähnliche, wenngleich weniger geistreiche Absagen auf eingesandte Texte, erhält aber auch Liliencron selbst. Die preußische Zensur ist noch immer sittenstreng, und die meisten Zeitungsredakteure wollen kein Risiko eingehen. Das Gedicht *Die Zwillingsgeschwister*, eine Inzest-Ballade aus römischer Zeit, wird gleich dutzendweise abgelehnt, und die harmlosen Verse *Die alte Hure im Heimatsdorf* wagt nur der *Simplicissimus* abzudrucken. Es sei ihm eine Freude, „dieser prüden Heuchlergesellschaft so was ins Gesicht zu schmeißen", schreibt er Heinrich Spiero und bittet, ihm zwei Exemplare zu kaufen.

Obwohl von verschiedenen Seiten kleinere und größere Beträge eingehen, hat sich Liliencrons finanzielle Lage nicht nennenswert verbessert. „Geld, Geld, Geld … alles andere ist Schiet, Schiet, Schiet", notiert er und verlangt von den Verlegern wieder einmal einen Vorschuss. Da der vom Kaiser bewilligte Ehrensold erst 1904 gezahlt werden soll, fragt er beim Kaiserlichen Hofminister an, ob eventuell eine Vorauszahlung möglich sei. Nein, das sei nicht üblich.

Da die Nachricht von der Ehrung in den Zeitungen verbreitet wurde, melden sich sofort wieder scharenweise Gläubiger. Eine Forderung beläuft sich sogar auf 2300 Mark. Die Folge einer Bürgschaft für einen inzwischen verstorbenen Kriegskameraden.

Noch weiß Liliencron nicht, dass Besserung in Sicht ist. Er ist sogar besonders deprimiert, schreibt über das Weihnachtsfest 1903, es sei das trostloseste gewesen, das er je erlebt habe, trotz der vielen Huldigungstelegramme. Sein Kommentar: „Na, ich danke für Backobst und Vaterland".

* * *

Der 60. Geburtstag wirft erste Schatten voraus. Ida Auerbach-Dehmel, die den einst so ungeliebten, angehenden Jubilar inzwischen lieb gewonnen hat, ist entschlossen, ein Problem zu lösen, an dem bisher alle anderen gescheitert sind: Sie will die Schulden beseitigen, und zwar ein für alle Mal. Wieder durch eine Sammlung, wie sie schon 1897 vorgenommen worden war, aber nicht den erhofften Erfolg gebracht hatte. Aus den Fehlern hat sie gelernt, will den Männern zeigen, wie man ein hochgestecktes Ziel erreichen kann.

Statt an Zeitungen schickt Ida Dehmel ihre Bittbriefe nur an ihren Bekanntenkreis, und der ist groß, sogar sehr groß.

Alle, die etwas mit Kunst zu tun haben, erhalten Post: Am 3. Juni 1904 werde Detlev von Liliencron 60 Jahre alt. Um seine Verbindlichkeiten zu begleichen und ihm außerdem einen Lebenswunsch, nämlich eine längere Auslandsreise, zu ermöglichen, sei eine Summe von 10 000 Mark erforderlich. Jeder möge zahlen, was er entbehren könne.

Diesmal übertrifft das Ergebnis die Erwartungen. 11 181 Mark gehen ein. 366 Namen stehen auf der Spenderliste, einige nur abgekürzt. Die Beträge liegen zwischen fünf und 310 Mark. Viel Prominenz hat gezahlt: Thomas Mann (15 Mark), Max Liebermann (100 Mark), Elisabeth Förster-Nietzsche (200 Mark), Gustav Mahler (17 Mark), Harry Graf Keßler (100 Mark). Eduard von Keyserling (10 Mark), daneben Professoren und Gerichtspräsidenten, Intendanten, Verleger, Architekten, kurzum, Vertreter aller gebildeten Schichten.

Alle Angeschriebenen werden dringend ermahnt, die Spendenaktion vertraulich zu behandeln, auf keinen Fall eine Veröffentlichung in der Zeitung zu erlauben, da der Begünstigte dies als Demütigung empfinden würde.

Heinrich Spiero veranstaltet in seinem Bekanntenkreis eine eigene Sammlung, die 2241 Mark einbringt, darunter Spenden von den Schriftsteller Paul Heyse, Arthur Schnitzler und dem Theaterkritiker Alfred Kerr. Der anstehende Jubilar hat von den Aktionen gehört, kennt jedoch keine Zahlen, noch gilt das Unternehmen als sehr geheim.

Liliencron hat inzwischen mit der Justiz zu tun. Diesmal allerdings nicht als Opfer. Zunächst ist er Sachverständiger in heikler Strafsache. Vor dem Berliner Landgericht muss sich der Freiherr von Schlicht verantworten. Ihm wird vorgeworfen, in seinem Roman *Erstklassige Menschen* das deutsche Offizierskorps beleidigt zu habe, weil er schildert, wie ein bürgerlicher Leutnant von seinen adligen Kameraden schikaniert wird.

Der Gutachter und Hauptmann a. D. Liliencron erklärt gegenüber dem hohe Gericht: „Es ist nicht wahr, dass ein untadeliger Offizier so empfangen und behandelt wird wie der Held des Romans ...“

In mehreren Zeitungen wird Liliencron wegen seines einseitigen Urteils heftig kritisiert, als Offizier sei er voreingenommen, wie der Scharfrichter von Paris sei er aufgetreten. Nur wenig Beachtung findet dagegen seine Tätigkeit am Ahrensburger Amtsgericht. Ein Verehrer, der Referendar Schäfer, hat ihn überredet, das Amt eines Schöffen zu übernehmen. Als Kellinghusener Kirchspielvogt hatte Liliencron bei Gerichtsverhandlungen mitgewirkt, jetzt schöpft er aus seinen Erfahrungen. Pünktlich und im schwarzen Gehrock nimmt er seine Pflichten wahr, trägt bei den Beratungen ausführlich seine Meinung vor. Dem Referendar Schäfer sind die persönlichen Gespräche mit dem berühmten Schöffen wichtiger als die Urteile. Nach den Verhandlungen machen die beiden Spaziergänge oder treffen sich zum Umtrunk in der Bahnhofsgaststätte. Auf einem der Spaziergänge führt ihn sein Begleiter auf den Friedhof und erzählt die Geschichte einer hier begrabenen Frau, die einem angeblich reichen Mann in die Ferne folgte und enttäuscht zurückkehrte. Liliencron macht daraus das Gedicht *Emiliens Grab*.

* * *

Seine zunehmenden Lesereisen verflucht Liliencron, und gleichzeitig genießt er sie. Als 60-Jähriger müsse er sich noch „vor den Pöbel werfen", klagt er, sein Gehirn gehe dabei flöten. Sieben Gesellschaften an einem Tag habe er ertragen, berichtet er seinem Verleger aus Wien. Diese ewigen Ehrenbezeugungen. Er wandere nur noch „wie ein toter Ballen von Hand zu Hand". Berlin, Leipzig, Brünn, Prag, Weimar, Essen, Mühlheim, die Wochen vor den anstehenden Geburtstagsfeierlichkeiten sind mit Auftritten überfüllt. Wien und Prag sind besonders anstrengend, nicht nur die verschiedenen Lesungen, vor allem das Besuchsprogramm ist kräftezehrend. Die Gastgeber zerren ihn von einem Empfang zum nächsten; äußert Liliencron den Wunsch, böhmische Mädchen kennen zu lernen, fährt ihn *eine Droschke in den Blauen Stern, ins Weiße Kränzl oder ins Kaffeehaus Kaiser*, wo kein Kaffee getrunken wird, sondern Pommery, hinzu kommt reichlich Kaviar.

Nach einem solchen Ausflug ist die Hälfte des am Abend zuvor verdienten Honorars verbraucht. Er sei „mehr als tot" schreibt er dem Freund Richard Dehmel am 15. April 1904 aus Wien.

Kurz nach der Rückkehr beginnen die Feierlichkeiten zum 60. Geburtstag. Für den 26. April lädt die Hamburger Literarische Gesellschaft in den Saal des Conventgarten: 2000 Gäste kommen. Sie werden mit Gesang, Reden, Rezitationen unterhalten. Einige hundert sind anschließend zu einem Festmahl in den *Hamburger Hof* geladen, der Dichterfreund Gustav Falke trägt selbstverfasste Verse vor:

Liliencron, der edle Ritter,
Fegte wie ein Lenzgewitter
Durch die teutsche Literatur.
Onkel, Tante, tieferschrocken,
zerrten zitternd alle Glocken:
Herr, schütz unsre fromme Flur!…

Noch weitere 88 Schriftsteller haben Texte für eine Festschrift zur Verfügung gestellt. Nicht von allen Beiträgen ist der Jubilar begeistert.

Vor dem eigentlichen Geburtstag am 3. Juni ist eine erneute große Lesereise geplant, Liliencron verkürzt sie mit der Begründung, er habe sich überanstrengt, leide an Bronchialkatarrh. Ein vierwöchiger Aufenthalt in einem Nordseebad würde ihn wieder „auf den Damm bringen".

Für Kuraufenthalte ist aber wirklich keine Zeit. Der große Tag rückt bedrohlich schnell näher. Als er schon ganz nahe ist, verfällt der Jubilar erst in Panik, dann in Melancholie.

Am 31. Mai will er sich offiziell von der Jugend verabschieden. Dazu lädt er seinen engsten Vertrauten Maximilian Fuhrmann ein. Man verabredet sich im Forellenlokal in Kupfermühle zu einem opulenten Mahl mit sehr gutem Wein und ebenso guten Zigarren. Liliencron zahlt.

Zwei Tage vor dem Fest will ihn Heinrich Spiero besuchen, aber Liliencron ist nicht zu Hause. Der Kollege findet ihn in dem abgelegenen Wirtshaus Uhlenkrug. Dort sitzt er allein an einem Tisch, steckt mehrmals Groschen in das selbstspielende Klavier und lässt sich den geliebten Kurfürstlichen Reitermarsch vorspielen. Durch und durch unruhig und nervös sei er gewesen, berichtet Spiero.

Und dann ist endlich Geburtstag. Die Sonne scheint, Alt-Rahlstedt hat geflaggt. Die Gäste werden im Haus und im Garten empfangen, Kriegskameraden, mit Orden geschmückt, der Landrat, Schulkinder mit Blumen, die Postboten bringen jede Stunde Depeschen, darunter einen Glückwunsch vom Reichskanzler Bernhard von Bülow, der Provinziallandtag von Schleswig-Holstein teilt mit, dass er dem Jubilar eine Ehrengabe von 3000 Mark bewilligt hat, das Ergebnis der beiden Sammlungen wird bekannt gemacht. Es sind fast 14 000 Mark. Die Zeitung *Hamburgischer Correspondent* hat eine Liliencron-Sondernummer herausgegeben, an der Hamburger und schleswig-holsteinische Schriftsteller mitgearbeitet haben. Alle deutschen Zeitungen, auch einige im Ausland, veröffentlichen ausführliche Würdigungen und drucken Gedichte ab. Am Abend ist die gesamte Bahnhofstraße hell erleuchtet.

Liliencron hat die Orden angelegt, die engsten Freunde, seine Frau und die beiden Kinder weichen nicht von seiner Seite. Er ist zufrieden und genießt den Tag. Besonders gerührt hat ihn eine lange Glückwunsch-Depesche von seinem alten Regiment, den 81ern, mit denen er 1866 gegen die Österreicher und 1870/71 gegen die Franzosen gesiegt hatte. Auch aus Amerika ist ein Schreiben gekommen. Seine zweite Frau Augusta will ihn zum Geburtstag besuchen. Nach erstem Erschrecken freut er sich. Doch dann erreicht ihn die Nachricht, Augusta sei unmittelbar nach der Ankunft in Liverpool verstorben.

* * *

Jetzt zerrt der Ruhm an ihm, zum Dichten fehlt die Ruhe, er empfängt Besucher, beantwortet Stapel von Briefen, geht auf Reisen. Die Einladungen aus Weimar locken besonders. Seine Wohltäterin Elisabeth Förster-Nietzsche drängt hartnäckig auf einen Besuch. Harry Graf Keßler, Kunstkenner und Diplomat, lädt die Weimarer Prominenz ein, und Liliencron trägt als Ehrengast Gedichte vor. Sogar Großherzog Wilhelm Ernst bittet zur Audienz und wünscht sich eine kleine Lesung. *Der Handkuß, Der Handkuß*, überall wird *Der Handkuß* verlangt. Liliencron kann die Verse von seiner „süßen Lady" mittlerweile im Schlaf rezitieren. Sogar in der von Karl Kraus herausgegebenen Zeitschrift *Die Fackel* erscheinen jetzt seine Gedichte.

Zurück in Alt-Rahlstedt notiert er: „Zum Dichten komme ich wohl nie mehr. Die Korrespondenz und der ewige, entsetzliche Besuch erstickt alles."

Vor Gläubigern muss er nun nicht mehr fliehen, so gut wie alle Schulden sind bezahlt, zum ersten Mal in seinem Leben. Er kann sogar die Lebensversicherung für seine beiden Kinder erhöhen. Für seine Frau hat er „unantastbar" 6000 Mark zur Bank getragen. Die Pension ist erhöht worden, und die Bücher einschließlich der 15-bändigen Werkausgabe verkaufen sich etwas besser. Von der Schillerstiftung und vom Kaiser gehen die zugesagten Ehrengaben ein. Der geschäftstüchtige Freund Fuhrmann sorgt dafür, dass der bescheidene Wohlstand nicht aufs Spiel gesetzt wird.

Wie oft hat er sich völlige Ruhe, Einsamkeit gewünscht. Jetzt könnte er beides genießen und sucht doch die Abwechslung.

Anfang November 1904 trifft er wieder in Prag ein. Der Verehrer und Schriftsteller Oskar Wiener empfängt ihn und ist erschüttert. Vor sieben Monaten hat er Liliencron zum letzten Mal gesehen, und seither scheint er um Jahre gealtert. Nach der Begrüßung äußert er einen Wunsch, der den Gastgeber verwundert: Er suche in Prag eine Wohnung. Mit der Begründung, er fühle sich in Deutschland von den „jungen Tichtern" verfolgt, er sei bedroht „von Bewunderung und Hurrageschrei". Zunächst glaubt der Gastgeber an eine vorübergehende Laune, aber Liliencron besteht darauf, sofort nach einer Wohnung zu suchen. Er wünscht zwei Zimmer mit Aussicht auf den Hradschin. Im Garten eines gräflichen Palastes stehen einige kleine, unbewohnte Gebäude. Als die beiden dort vorsprechen, wird ihnen beschieden, man vermietet nicht. Er sei müde, werde gewiss bald von einem Schlaganfall dahingerafft, klagt Liliencron. Seine dunkle Stimmung ändert sich erst in einer Soldatenschänke, wo er mit Veteranen über die Schlacht bei Königgrätz plaudern kann.

Sein ständiges Klagen, dass er gar nicht mehr zum Dichten komme, stimmt nicht. Zwischen den Reisen, die ihn bis auf den Balkan führen, schreibt er eifrig. Das seltsame Epos *Poggfred* ergänzt er laufend durch neue Kantusse. 29 sind es schließlich, als die 8. Ausgabe erscheint. In der letzten Strophe kehrt der dichtende Vagabund von seiner turbulenten Lebensreise ins traute Poggfred zurück, wo ihn die echte Familie erfreut aufnimmt:

Hurra, die Tür ist mit Lampions geschmückt,
Und meine Teckel blaffen wie verrückt …
Und in der Halle, hell im Kerzenkreis,
Erwartet die Baronin mich im Bunde
Mit Wulff. Sie, meines Lebens Himmelspreis,
Soll bei mir sein auch in der letzten Stunde.
Vadder un sien Familj. Klein Abel lacht:
Papa, hast du mich auch was mitdebacht?

DAS ENDE

Fast 20 Jahre lang hat Liliencron mit langen Unterbrechungen an dem autobiografischen Roman *Leben und Lüge* gearbeitet. Im Oktober 1908 erscheint das Buch. Der Wunsch des Autors, einen Vorabdruck in Zeitungen oder Zeitschriften zu erreichen, war nicht zu verwirklichen. Keine Redaktion konnte sich durchringen, die stark verfremdete Lebensgeschichte zu veröffentlichen. Offenkundig enthält sie zu viel Lüge und zu wenig Leben.

Was für eine merkwürdige Geschichte mit dem roten Stern Aldebaran, dazu dieses rätselhafte Ende der Hauptperson, hinter der sich angeblich der durchaus noch auf Erden weilende Dichter Detlev von Liliencron verbergen soll. Hat viele Jahre lang auf einem eigenen Ozeandampfer die Weltmeere bereist. Verlässt sein Schloss und den so plötzlich durch Erbschaft errungenen Reichtum und wird nie mehr gesehen.

Also handelt es sich offenkundig um keine Biografie, wie der Titel vorgibt. Nein, für den Zeitungsleser ist die Erzählung zu fantastisch.

Dabei hat sich Liliencron durchaus bemüht, den wichtigsten Ort der Handlung, das Gut Tangbüttel, möglichst genau zu schildern. Mit Ida und Richard Dehmel ist er zum Vorbild, dem Gut Tangstedt in Stormarn, gefahren, ist ohne Anmeldung und zur Verblüffung der Bediensteten durch Räumlichkeiten und Park gewandert. Es war nicht sein erster Besuch, man kennt ihn schon, weiß, dass es sich um einen berühmten Dichter handeln soll, der Nachsicht verdient.

Er sei „voller Menschenhaß", fahre auch nur noch ganz selten nach Hamburg, notiert er, ist aber wenige Tage später in Kiel, wo am 24. Oktober 1908 sein Drama Die *Merowinger* uraufgeführt wird. Seinen Verlegern meldet er „brausender Erfolg", Bühnenbild und Kostüme gefallen ihm besonders. Ein Kritiker spricht allerdings nur von „Achtungserfolg". Anfang Dezember liest er schon wieder in Wien, trifft sich mit Arthur Schnitzler.

Ein fester Termin mahnt zur zügigen Rückkehr. Seit vielen Jahren lädt er am ersten Sonntag im Januar zu einem „Dinner", eine Sitte, die schon im Kieler Elternhaus gepflegt wurde. Geladen sind nur vier Personen, in diesem Jahr die Ehepaare Spiero und Falke. Wie es die Tradition verlangt, werden für Speisen und Getränke im Laufe des Jahres 100 Mark zur Sparkasse getragen. Dieses Mal gestattet die verbesserte finanzielle Lage sogar die Verpflichtung eines Kochs. Serviert werden Forelle und Schnepfe und als Dessert Schaumtorte, die Liliencron besonders liebt. Der Hausherr sitzt am Kopf der Tafel, legt Fleisch und Gemüse vor, schenkt den Rotwein ein und plaudert angeregt mit den neben ihm sitzenden Damen. Nach dem Kaffee liest er aus dem neusten *Poggfred*-Kantus, und beim Abschied erfolgt die Einladung für das nächste Jahr.

Ja, bis zum nächsten Jahr. Dazwischen aber liegt noch der 65. Geburtstag. Er soll bescheidener begangen werden als der 60. Nur ein paar Freunde sind geladen. Der Tag ist sommerlich warm, man kann auf dem Balkon und im Garten sitzen. Die Vertrauten geben sich geheimnisvoll, der Jubilar ahnt eine Überraschung, weiß jedoch nichts Genaueres.

Am Nachmittag kommt eine Delegation der Kieler Universität, und das Geheimnis wird gelüftet: Der Dekan der Philosophischen Fakultät, Professor Ferdinand Holthausen, überreicht dem Sohn des Landes Schleswig-Holstein, dem tapferen Offizier und lyrischen Seher, die Urkunde, die ihn zum Ehrendoktor der Christian-Albrechts-Universität macht. Das in lateinischer Sprache verfasste Diplom bescheinigt dem Geehrten, es sei ihm gelungen, „fremdartige Dinge" mit „dem Safte der Dichtung durchtränkt" und Natur in Kunst verwandelt zu haben.

Liliencron ist erschüttert und bewegt. „Meine Herren, Sie erweisen mir eine große Ehre", dankt er mit zitternder Stimme, will noch mehr sagen, wird aber von Rührung überwältigt. Zwei Tage später bedankt er sich schriftlich. Durch die überwältigende Auszeichnung fühle er sich seiner Heimat „aufs neue und unauslöschlich verbunden".

Umgehend lässt er sich neue Visitenkarten drucken: Dr. Detlev Baron von Liliencron, Hauptmann a. D.

In Leipzig sorgte die Ehrung für Irritation. Zum 500. Geburtstag der dortigen Universität hatte der Senat die Vergabe einer Doktorwürde an einen angesehenen Dichter beschlossen und sich auf Liliencron geeinigt. Nachdem die Kieler Hochschule den vorgesehenen Kandidaten ausgezeichnet hat, wählt man Gerhart Hauptmann als Ersatz.

* * *

Im Mai 1909 hatte Liliencron einen leichten Schlaganfall erlitten, sich aber schnell erholt. Am 30. Juni tritt er mit seiner Frau und den Kindern eine Reise nach Süddeutschland an. Er will noch einmal die Stätten seiner Militärzeit sehen. Mainz hat sich sehr verändert, aber die Akazie steht noch vor seiner ehemaligen Wohnung, die er vor bald vier Jahrzehnten verlassen hat. Alte Kameraden sind angereist, man fährt gemeinsam mit dem Dampfschiff rheinabwärts. Erinnerungen, wohin man blickt. Nach Metz geht es mit der Eisenbahn. Dort hatten wir uns eingegraben, hier, genau hier muss es gewesen sein, wo ein Geschoss den Hauptmann zerriss. An den Gräberfeldern von Ladonchamps und Maizières sinkt Liliencron auf die Knie und bricht in Tränen aus. Abel und Wulf blicken erschrocken auf den Vater. Als sie vor einem Bauernhaus eine alte Frau ansprechen, behauptet sie, Soldaten des 81er Regiments hätten bei ihr übernachtet. Liliencron ist erneut gerührt und drückt der Alten Geld in die Hand.

Die Reise in die Vergangenheit sollte noch über weitere Stationen gehen, aber plötzlich will Liliencron nach Hause. Er hat sich erkältet, hat Schmerzen, vermutet, es sei das Rheuma. Zurück in Alt-Rahlstedt sagt er zu seiner Frau: „Ich glaube, dies war meine letzte große Reise." Er bestimmt, dass die Gedichte in der Schreibtischschublade unter dem Titel *Gute Nacht* veröffentlicht werden sollen.

Aus der Erkältung wird eine Lungenentzündung. Fieber kommt hinzu. „Warum läßt man mich auf dem Schlachtfeld allein liegen?", ruft er. Zur Beruhigung spielt seine Frau auf dem Klavier den Hohenfriedberger und den Kurfürstlichen Reitermarsch.

Am Donnerstag, den 22. Juli 1909 gegen 11 Uhr, stirbt Detlev von Liliencron. Aus ganz Deutschland gehen Beileidsbekundungen ein, sogar von Kaiser Wilhelm, der den Verstorbenen, von dem er nie eine Zeile gelesen hat, einen „gottbegnadeten Dichter" nennt.

Die Beerdigung findet am Sonntag, 25. Juli statt. Nach vielen Regentagen scheint die Sonne. Mehrere hundert Menschen säumen die Straßen, als der Sarg vom Haus in der Bahnhofstraße zum Friedhof gefahren wird. Alle Truppenteile haben Abordnungen entsandt, die Stadt Altona und die Gemeinde Alt-Rahlstedt sind durch ihre höchsten Repräsentanten vertreten, Veteranen und Kriegervereine tragen Dutzende von Fahnen. Nach der von Richard Dehmel geleiteten Witwe und den beiden Kindern folgt dem Sarg ein Hauptmann des 81er Regiments. Auf einem schwarzen Samtkissen trägt er die Orden des Verstorbenen.

Die Trauerrede hält Richard Dehmel, und als der Sarg unter drei Gewehrsalven in die Erde gesenkt wird, spielt eine Regimentskapelle den Choral „Was Gott tut, das ist wohlgetan".

In seinem Gedicht *Begräbnis* hatte sich Liliencron gewünscht, nach dem letzten Ton der Trompeten möge jemand „mit fester Hand" seinen Wanderstab in Stücke zerbrechen. Die Freunde sind jedoch der Ansicht, eine solche symbolträchtige Geste würde die feierliche Zeremonie zu sehr stören. Außerdem hätte es viel zu sehr nach Ende ausgesehen. Dabei lebt der Freiherr Detlev von Liliencron doch weiter. Sogar endlich schuldenfrei.

NACHWORT

Die Literaturwissenschaftler sind sich einig, dass Detlev von Liliencron „Gründungsvater" der modernen deutschen Lyrik ist. Während viele seiner Gedichte nach wie vor bekannt sind, werden seine Erzählungen kaum noch gelesen und seine Dramen nicht mehr aufgeführt. Auch schon zu Lebzeiten des Verfassers waren sie nicht besonders populär.

Im gesamten deutschsprachigen Raum kannte „man" seinen Namen, las seine Verse in den verschiedenen Publikationen, kaufte aber nur in geringem Maße seine Bücher. Wer leichte Romane schrieb, konnte als Schriftsteller überleben, Lyriker dagegen nagten schon damals am Hungertuch.

Wenn Detlev von Liliencron bekannt geblieben ist, liegt dies nicht zuletzt daran, dass von fast allem, was er tat, sagte und schrieb, auch das Gegenteil richtig ist, wie es sein Freund Richard Dehmel formulierte. Folglich fanden selbst die Nationalsozialisten Passendes in Liliencrons Werken und setzten ihm zum 90. Geburtstag mit Getöse am Rahlstedter Schwanenteich ein Denkmal. Bei der Einweihung wurde natürlich der Hohenfriedberger Marsch gespielt. Ein Dichter des Volkstums sei er gewesen, habe „echtes Heimatgefühl" bewiesen. So hieß es in der Würdigung.

Zum 150. Geburtstag entzündete sich eine Kontroverse darüber, ob das Denkmal beseitigt werden solle. Ein Gutachter der Hamburger Universität kam jedoch zu dem Ergebnis, der Vorwurf, Liliencron habe Kriegshetze betrieben, sei nicht haltbar, jedenfalls dann nicht, wenn man das ganze Werk zur Kenntnis nehme.

Spuren hat Detlev von Liliencron reichlich hinterlassen. Nicht nur durch sein schriftstellerisches und dichterisches Werk, das sein Freund Richard Dehmel schon 1912 in einer achtbändigen Gesamtausgabe bewahrt hat. Auch danach sind immer wieder in mehreren Bänden ausgewählte Werke veröffentlicht worden. Zuletzt im Jahr 2009 von Walter Hettche, Literaturwissenschaftler an der Universität München. Einen besonders gelungenen Einblick in Liliencrons Leben gibt eine im gleichen Jahr erschienene, von Volker Griese sorgfältig erstellte chronologische Darstellung. Es ist eine vorzügliche Ergänzung zu der bisher einzigen umfangreichen deutschsprachigen Biografie, die Liliencrons Verehrer Heinrich Spiero 1913 vorlegte und die in Form und Inhalt inzwischen antiquiert ist.

Als bester Liliencron-Experte gilt merkwürdigerweise kein deutscher, sondern ein französischer Wissenschaftler. Es ist der 1918 geborene Professor Jean Royer, der neben einer leider bisher nicht ins Deutsche übersetzten Biografie auch Liliencrons Briefwechsel mit seinem Freund Theobald Nöthig veröffentlicht hat.

Weit verstreut sind Liliencrons Briefe. Angeblich soll er 40 000 geschrieben haben, eine Zahl, die wohl übertrieben ist. Die Kieler Landesbibliothek bemüht sich sehr intensiv um das schriftliche Erbe, besitzt zahlreiche Briefe und Bilder, veranstaltete 2009 gleichzeitig mit dem kleinen Kellinghusener Museum eine viel beachtete Ausstellung, in der auch Liliencrons Arbeitszimmer sowie weiterer persönlicher Besitz wie Helm und Säbel gezeigt wurden.

Um dieses Dichterzimmer hat es in der Vergangenheit sogar ein juristisches Tauziehen gegeben. Zunächst gehörte es der Besitzerin des Kellinghusener Gasthofes *Altdeutsches Haus*, 1999 ersteigerte es aus der Konkursmasse der wohlhabende, inzwischen verstorbene Hamburger Banker und Kunstmäzen Claus Grossner. Alle Versuche, die Möbel und weitere Erinnerungsstücke für Kellinghusen zu gewinnen, scheiterten am Geld, obwohl der Kaufpreis seinerzeit nur 5000 Mark betrug.

In allen Orten, in denen Liliencron gelebt hat, lassen sich bis heute seine Spuren verfolgen. Am deutlichsten sind sie in Hamburg-Rahlstedt. Das Haus in der Bahnhofstraße 39, in dem der Dichter gestorben ist und das nach seinem Tod durch eine Sammlung für die Familie angekauft werden konnte, wurde allerdings 1973 abgerissen. An seiner Stelle entstand ein nüchternes Geschäftshaus, an dem zwei Tafeln daran erinnern, wer hier einst gewohnt hat.

Neben den beiden Denkmälern am Grab und im kleinen Park von Rahlstedt gibt es eine Liliencron-Straße und ein halbes Dutzend Straßen, die an seine Werke erinnern, darunter ein Poggfred-Weg und ein Merowinger Weg.

Der Versuch, das örtliche Gymnasium nach dem prominenten Bürger zu benennen, scheiterte jedoch. Es fehle beim geplanten Namensgeber der Vorbildcharakter, argumentierten die Gegner.

Auch in Eckernförde gibt es einen Liliencron-Weg. Die Heimatstadt Kiel hat dagegen wenig für ihren berühmten Sohn getan. Das Geburtshaus in der heutigen Herzog-Friedrich-Straße musste in den 1980er Jahren einem Einkaufszentrum weichen. Zwischen Obstständen und Käsetheke erinnert heute eine Plakette daran, dass hier der Dichter das Licht der Welt erblickte. Außerdem trägt eine kleine Straße seinen Namen. Immerhin richtete die Kieler Universität 1997 eine Liliencron-Dozentur ein, in deren Rahmen einmal im Jahr ein Lyriker das eigene Werk vorstellt.

Obwohl man auf Pellworm nicht die allerbesten Erinnerungen an den Hardesvogt hat, weist eine Tafel darauf hin, wo „der große deutsche Lyriker und Hardesvogt" gewohnt hat. Und zum Liliencron-Haus führt ein Liliencron-Weg. Außerdem hat ihm das Heimatmuseum eine Vitrine mit Texten und Bildern gewidmet.

Viel Mühe mit der Erinnerungspflege gibt sich Kellinghusen. Auch hier zeigt eine Plakette an, wo Liliencron gelebt und gewirkt hat, eine Straße ist nach ihm benannt, die inzwischen aufgegebene Kaserne erhielt seinen Namen, im Naherholungsgebiet Störkathener Heide und auf dem Gut Springhoe ehren steinerne Denkmäler den Dichter. An der Einweihung des Gedenksteins in Springhoe hat Liliencron 1905 noch persönlich teilgenommen.

Auch Nachkommen sorgen dafür, dass der Namen Liliencron erhalten bleibt. Es gibt Enkel und Urenkel. Liliencrons Frau Anna starb 1945 im Alter von 79 Jahren, seine Tochter Abel 1969, der Sohn Wulf 1966.

Eine Kuriosität soll noch erwähnt werden: Liliencron, der so gerne und reichlich kommunizierte, hat über die beiden Jahre in Amerika sehr wenig preisgegeben. Wohl deshalb, um zu verheimlichen, wie enttäuschend dieser so hoffnungsvoll begonnene Aufenthalt war.

Als die Hamburger Universitätsbibliothek mit Unterstützung der Kulturbehörde 1994 zum 150. Geburtstag des Dichters eine Ausstellung veranstaltete, schien ein Beitrag in dem Begleitbuch ein Geheimnis zu lüften. Unter den ansonsten mit wissenschaftlicher Sorgfalt verfassten Texten befindet sich ein Aufsatz über eine angebliche Episode aus Liliencrons Amerika-Zeit. Danach soll er bei einem Indianer-Stamm gelebt haben, dort aber in Ungnade gefallen und zur sofortigen Abreise gezwungen worden sein, weil der Häuptling verärgert über ein Porträt gewesen sei, das der Gast von seiner Tochter angefertigt habe.

Der Artikel behauptet, die Unterlagen über diese Geschichte und andere Einzelheiten des Aufenthalts in Amerika seien nach Liliencrons Tod in einem Koffer gefunden worden, den der Dichter der Besitzerin einer bekannten Rahlstedter Konditorei zur Aufbewahrung gegeben und den die Frau in einer als Dekroaktion angefertigten Plastik-Torte versteckt habe. Alles aber ist nur Fantasie. Man habe sich mit dem Text einen Spaß erlaubt, gestand nun einer der Herausgeber des unter dem Titel *Artist, Royalist, Anarchist* veröffentlichten Buches.

ZEITTAFEL
Friedrich (Detlev) von Liliencron

3. Juni 1844	Geburt in Kiel
1854/61	Kieler Gelehrtenschule
1861/62	Realschule Erfurt
1863	Berliner Kadettenanstalt
1865	Beförderung zum Leutnant
1866	Teilnahme am Krieg gegen Österreich
1870	Teilnahme am deutsch-französischen Krieg
1871	Erster Abschied vom Militär
1872	Rückkehr in die preußische Armee
1875	Endgültiger Abschied vom Militär
1875/77	Aufenthalt in Amerika
1878	Heirat mit Helene von Bodenhausen
1879/82	Beginn der Ausbildung zum Verwaltungsbeamten, Station in Eckernförde, Flensburg und Plön
1882/83	Hardesvogt auf Pellworm
1883/85	Kirchspielvogt in Kellinghusen. Veröffentlichung des ersten Gedichtbands „Adjutantenritte"
1885	Scheidung und Entlassung aus dem Staatsdienst
1887	Heirat mit Augusta Brandt
1890/91	Aufenthalt in München
1891	Umzug nach Hamburg-Ottensen
1892	Scheidung und Umzug nach Hamburg-Altona
1894	Geburt der Tochter Abel
1898	Beginn der Vortragstourneen
1900	Heirat mit Anna Micheel. Auftritte auf der Kleinkunstbühne Überbrettl. Geburt Sohn Wulf
1901	Umzug nach Alt-Rahlstedt vor den Toren Hamburgs
1909	Ehrendoktor der Kieler Universität
22. Juli 1909	Tod in Rahlstedt

ANHANG

Detlev von Liliencrons bekanntesten Gedichte, die in diesem Buch auszugsweise zitiert wurden. Quelle sind die von Richard Dehmel herausgegebenen gesammelten Werke von 1911.

DER HANDKUSS.

Viere lang,
Zum Empfang,
Vorne Jean,
Elegant,
   Fährt meine süße Lady.

Schilderhaus,
Wache raus.
Schloßportal,
Und im Saal
   Steht meine süße Lady.

Hofmarschall.
Pagenwall.
Sehr graziös,
Merveillös
   Knickst meine süße Lady.

Königin,
Hoher Sinn.
Deren Hand,
Interessant,
   Küßt meine süße Lady.

Viere lang,
Vom Empfang,
Vorne Jean,
Elegant,
    Kommt meine süße Lady.

Nun wie wars
Heut bei Czars?
Ach, ich bin
Noch ganz hin,
    Haucht meine süße Lady.

Nach und nach,
Allgemach,
Ihren Mann
Wieder dann
    Kennt meine süße Lady.

PIDDER LÜNG

„Frii es de Feskfang,
Frii es de Jaght,
Frii es de Strönthgang,
Frii es de Naght,
Frii es de See, de wilde See
En de Hörnemmer Rhee.«

Der Amtmann von Tondern, Henning Pogwisch,
Schlägt mit der Faust auf den Eichentisch:
Heut fahr ich selbst hinüber nach Sylt
Und hol' mir mit eigner Hand Zins und Gült.
Und kann ich die Abgaben der Fischer nicht fassen,
Sollen sie Nasen und Ohren lassen,
Und ich höhn ihrem Wort:
           Lewwer duad üs Slaav.

Im Schiff vorn der Ritter, panzerbewehrt,
Stützt sich finster auf sein langes Schwert.
Hinter ihm, von der hohen Geistlichkeit,
Steht Jürgen, der Priester, beflissen, bereit.
Er reibt sich die Hände, er bückt den Nacken.
Der Obrigkeit helf ich, die Frevler zu packen;
In den Pfuhl das Wort:
           Lewwer duad üs Slaav.

Gen Hörnum hat die Prunkbarke den Schnabel gewetzt,
Ihr folgen die Ewer, kriegsvolkbesetzt.
Und es knirschen die Kiele auf den Sand,
Und der Ritter, der Priester springen ans Land,
Und waffenrasselnd hinter den beiden
Entreißen die Söldner die Klingen den Scheiden.
Nun gilt es, Friesen:
          Lewwer duad üs Slaav!

Die Knechte umzingeln das erste Haus,
Pidder Lüng schaut verwundert zum Fenster heraus.
Der Ritter, der Priester treten allein
Über die ärmliche Schwelle hinein.
Des langen Peters starkzählige Sippe
Sitzt grad an der kargen Mittagskrippe.
Jetzt zeige dich, Pidder:
          Lewwer duad üs Slaav!

Der Ritter verneigt sich mit hämischem Hohn,
Der Priester will anheben seinen Sermon.
Der Ritter nimmt spöttisch den Helm vom Haupt
Und verbeugt sich noch einmal: Ihr erlaubt,
Daß wir Euch stören bei euerm Essen,
Bringt hurtig den Zehnten, den ihr vergessen,
Und euer Spruch ist ein Dreck:
          Lewwer duad üs Slaav!

Da reckt sich Pidder, steht wie ein Baum:
Henning Pogwisch, halt deine Reden im Zaum.
Wir waren der Steuern von jeher frei,
Und ob du sie wünschst, ist uns einerlei!
Zieh ab mit deinen Hungergesellen;
Hörst du meine Hunde bellen?
Und das Wort bleibt stehn:
                Lewwer duad üs Slaav!

Bettelpack! fährt ihn der Amtmann an,
Und die Stirnader schwillt dem geschienten Mann:
Du frißt deinen Grünkohl nicht eher auf,
Als bis dein Geld hier liegt zu Hauf.
Der Priester zischelt von Trotzkopf und Bücken,
Und verkriecht sich hinter des Eisernen Rücken.
O Wort, geh' nicht unter:
                Lewwer duad üs Slaav!

Pidder Lüng starrt wie wirrsinnig den Amtmann an.
Immer heftiger in Wut gerät der Tyrann,
Und er speit in den dampfenden Kohl hinein:
Nun geh an deinen Trog, du Schwein!
Und er will, um die peinliche Stunde zu enden,
Zu seinen Leuten nach draußen sich wenden.
Dumpf dröhnts von drinnen:
                Lewwer duad üs Slaav!

Einen einzigen Sprung hat Pidder getan,
Er schleppt an den Napf den Amtmann heran,
Und taucht ihm den Kopf ein, und läßt ihn nicht frei,
Bis der Ritter erstickt ist im glühheißen Brei.
Die Fäuste dann lassend vom furchtbaren Gittern,
Brüllt er, die Türen und Wände zittern,
Das stolzeste Wort:
   Lewwer duad üs Slaav!

Der Priester liegt ohnmächtig ihm am Fuß.
Die Häscher stürmen mit höllischem Gruß,
Durchbohren den Fischer und zerren ihn fort;
In den Dünen, im Dorf rasen Messer und Mord.
Pidder Lüng doch, ehe sie ganz ihn verderben,
Ruft noch einmal im Leben, im Sterben
Sein Herrenwort:
   Lewwer duad üs Slaav!

DIE MUSIK KOMMT

Klingling, bumbum und tschingdada,
Zieht im Triumph der Perserschah?
Und um die Ecke brausend brichts
Wie Tubaton des Weltgerichts,
    Voran der Schellenträger.

Brumbrum, das große Bombardon,
Der Beckenschlag, das Helikon,
Die Piccolo, der Zinkenist,
Die Türkentrommel, der Flötist,
    Und dann der Herre Hauptmann.

Der Hauptmann naht mit stolzem Sinn,
Die Schuppenketten unterm Kinn;
Die Schärpe schnürt den schlanken Leib,
Beim Zeus! das ist kein Zeitvertreib!
    Und dann die Herren Leutnants.

Zwei Leutnants, rosenrot und braun,
Die Fahne schützen sie als Zaun,
Die Fahne kommt, den Hut nimm ab,
Der bleiben treu wir bis ans Grab!
    Und dann die Grenadiere.

Der Grenadier im strammen Tritt,
In Schritt und Tritt und Tritt und Schritt,
Das stampft und dröhnt und klappt und flirrt,
Laternenglas und Fenster klirrt,
    Und dann die kleinen Mädchen.

Die Mädchen alle, Kopf an Kopf,
Das Auge blau und blond der Zopf;
Aus Tür und Tor und Hof und Haus
Schaut Mine, Trine, Stine aus,
    Vorbei ist die Musike.

Klingling, tschingtsching und Paukenkrach,
Noch aus der Ferne tönt es schwach,
Ganz leise bumbumbumbum tsching;
Zog da ein bunter Schmetterling,
    Tschingtsching, bum, um die Ecke?

TRUTZ, BLANKE HANS

Heut bin ich über Rungholt gefahren,
Die Stadt ging unter vor sechshundert Jahren.
Noch schlagen die Wellen da wild und empört,
Wie damals, als sie die Marschen zerstört.
Die Maschine des Dampfers schütterte, stöhnte,
Aus den Wassern rief es unheimlich und höhnte:
      Trutz, blanke Hans.

Von der Nordsee, der Mordsee, vom Festland geschieden,
Liegen die frisischen Inseln im Frieden.
Und Zeugen weltenvernichtender Wut,
Taucht Hallig auf Hallig aus fliehender Flut.
Die Möwe zankt schon auf wachsenden Watten,
Der Seehund sonnt sich auf sandigen Platten.
      Trutz, blanke Hans.

Mitten im Ozean schläft bis zur Stunde
Ein Ungeheuer, tief auf dem Grunde.
Sein Haupt ruht dicht vor Englands Strand,
Die Schwanzflosse spielt bei Brasiliens Sand.
Es zieht, sechs Stunden, den Atem nach innen
Und treibt ihn, sechs Stunden, wieder von hinnen.
      Trutz, blanke Hans.

Doch einmal in jedem Jahrhundert entlassen
Die Kiemen gewaltige Wassermassen.
Dann holt das Untier tiefer Atem ein,
Und peitscht die Wellen und schläft wieder ein.
Viel tausend Menschen im Nordland ertrinken,
Viel reiche Länder und Städte versinken.
>Trutz, blanke Hans.

Rungholt ist reich und wird immer reicher,
Kein Korn mehr faßt selbst der größeste Speicher.
Wie zur Blütezeit im alten Rom
Staut hier täglich der Menschenstrom.
Die Sänften tragen Syrer und Mohren,
Mit Goldblech und Flitter in Nasen und Ohren.
>Trutz, blanke Hans.

Auf allen Märkten, auf allen Gassen
Lärmende Leute, betrunkene Massen.
Sie ziehn am Abend hinaus auf den Deich:
Wir trotzen dir, Blanker Hans, Nordseeteich!
Und wie sie drohend die Fäuste ballen,
Zieht leis aus dem Schlamm der Krake die Krallen.
>Trutz, blanke Hans.

Die Wasser ebben, die Vögel ruhen,
Der liebe Gott geht auf leisesten Schuhen.
Der Mond zieht am Himmel gelassen die Bahn,
Belächelt der protzigen Rungholter Wahn.
Von Brasilien glänzt bis zu Norwegs Riffen
Das Meer wie schlafender Stahl, der geschliffen.
      Trutz, blanke Hans.

Und überall Friede, im Meer, in den Landen.
Plötzlich wie Ruf eines Raubtiers in Banden:
Das Scheusal wälzte sich, atmete tief,
Und schloß die Augen wieder und schlief.
Und rauschende, schwarze, langmähnige Wogen
Kommen wie rasende Rosse geflogen.
      Trutz, blanke Hans.

Ein einziger Schrei - die Stadt ist versunken,
Und Hunderttausende sind ertrunken.
Wo gestern noch Lärm und lustiger Tisch,
Schwamm andern Tags der stumme Fisch.
Heut bin ich über Rungholt gefahren,
Die Stadt ging unter vor sechshundert Jahren.
      Trutz, blanke Hans?

Hettche, Walter
DETLEV VON LILIENCRON
Ausgewählte Werke
592 Seiten

Der Münchner Germanist Walter Hettche hat mit einer umfassenden Auswahl an Gedichten und Erzählungen bereichert um das Drama „Poggfred" eine erfrischende Leseausgabe herausgegeben.

„Eine vielseitige und deshalb sehr gelungene Übersicht auf das Schaffen des literarischen Spätentwicklers."
Holsteinischer Courier

„Es ist ein Vergnügen." FAZ

SCHIMMELMANN
Schatzmeister des Königs
Roman . 240 Seiten

Für die einen ist Heinrich Carl Schimmelmann ein erfolgreicher Geschäftsmann, der es zu Reichtum und politischem Einfluss gebracht hat, andere sehen in ihm den skrupellosen Sklavenhändler, der sein Amt als Schatzmeister des dänischen Königs zum eigenen Vorteil nutzte. Bei seinem Tod im Jahr 1782 war Schimmelmann der reichste Bürger im Norden, besaß Schlösser, Palais und Herrenhäuser, Plantagen und Fabriken

„Sehr lesenswert und gründlich recherchiert."
Süddeutsche Zeitung

DIE SCHLESWIG-HOLSTEINER
348 Seiten

Mit spitzer Feder porträtiert Maletzke die Schleswig-Holsteiner quer durch die Zeit. In Politik, Wirtschaft, Kunst und Kultur haben sie unverwechselbare Spuren hinterlassen – und zu Haus bei Hof und Herd ihren eigenen Kopf.

„Es ist immer wieder ein Spaß in diesem Buch zu blättern."
Bauernblatt

ADAM OLEARIUS
Gottorfer Schlossgelehrter - Ein turbulentes Leben
Roman . 224 Seiten

Den Namen Adam Olearius bringt man bis heute mit dem auf Schloss Gottorf entstandenen Riesenglobus in Verbindung. Doch der 1599 im sächsischen Aschersleben geborene Sohn eines Schneiders war nicht nur ein genialer Gelehrter, er führte als Sekretär einer vom Gottorfer Herzog Friedrich III. nach Russland und Persien entsandten Expedition ein turbulentes und gefährliches Leben.

„Der Autor lässt die Fakten sprechen." sh:z

RÄTSELHAFTE PROMINENTE
224 Seiten

Eine biographische Rätselreise durch die Jahrhunderte. Auf der Suche nach den Lösungen erfährt der Leser auf vergnügte Weise vieles aus Kultur, Wissenschaft, Politik und Gesellschaft.

„Vergnüglicher kann man nichts dazu lernen." sh:z

LITERARISCHE PORTRÄTS

Herausgegeben von

GREGOR GUMPERT UND EWALD TUCAI

Sprache produziert Bilder – kunstvolle Sprache erschafft Panoramen. Widmen sich solche Texte einer Region, erwächst ein vielschichtiges literarisches Porträt.

In den Anthologien der Literarischen Porträts kommen moderne Autoren ebenso zu Wort wie bekannte Klassiker. Eine ausgewogene Mischung aus Reiseschilderungen, Essays, Tagebuchaufzeichnungen, Briefen, Romanauszügen, Erzählungen und Gedichten entführt auf eine vielschichtige Reise durch die jeweiligen Gebiete.

SCHLESWIG-HOLSTEIN
256 Seiten

NORDFRIESLAND UND SEINE INSELN
248 Seiten

LÜBECK
256 Seiten

www.wachholtz.de